El Alucinante Viaje Espiritual

Libros por John-Roger

Abundancia y Conciencia Superior
Amando cada Día
Amando cada Día para los que Hacen la Paz
Amor Viviente del Corazón Espiritual
Caminando con el Señor
¿Cómo se Siente ser Tú? (con Paul Kaye)
¿Cuándo Regresas a Casa? (con Pauli Sanderson)
Dios es tu Socio
El Camino de Salida
El Cristo Interno y los Discípulos del Cristo
El Descanso Pleno (con Paul Kaye)
El Guerrero Espiritual
El Sendero a la Maestría
El Sexo, el Espíritu y Tú
El Tao del Espíritu
Esencia Divina (versión ampliada del libro Baraka)
La Conciencia del Alma
La Familia Espiritual
La Fuente de tu Poder
La Promesa Espiritual
Manual para el Uso de la Luz
Momentum: Dejar que el Amor Guíe (con Paul Kaye)
Mundos Internos de la Meditación.
Pasaje al Espíritu
Perdonar: La Llave del Reino
Protección Psíquica (versión ampliada del libro
Posesiones, Proyecciones y Entidades)
Relaciones (versión actualizada)
Sabiduría Sin Tiempo
Servir y Dar, Portales a la Conciencia Superior
(con Paul Kaye)
Viajes Durante los Sueños (versión ampliada)

Si deseas recibir mayor información
dirigirse a:

Movimiento del Sendero
Interno del Alma
MSIA
Box 513935
Los Angeles, CA 90051-1935
EE.UU.
Teléfono: (323)737-4055
pedidos@msia.org
www.msia.org

El Alucinante Viaje Espiritual

ALTERNATIVAS **frente a las** DROGAS **y el** ABUSO DE SUBSTANCIAS

John-Roger, DCE

(Autor que ha ocupado el primer lugar de ventas
del New York Times)

en co-autoría con
el Dr. Michael McBay

$$\boxed{M}$$

Mandeville Press
Box 513935
Los Angeles, CA 90051-1935
EE.UU.
Teléfono: (1-323) 737-4055
jrbooks@msia.org

ISBN 978-1-935492-05-4

Índice

Prólogo

Continuamente aparecen y desaparecen nuevas formas de alteración de la conciencia por medio de drogas "recreativas". Sin importar el nombre o la forma, las drogas afectan poderosamente a tu cuerpo, tu mente, tus emociones y tu inconsciente en muchos sentidos. En este libro describimos drogas específicas, incluido el alcohol, y explicamos cómo ellas pueden afectarte. También puedes aplicar esta información a las drogas que aquí no se mencionan.

No es nuestra intención emitir un juicio de valor respecto del uso de drogas. En este libro encontrarás más bien hechos, así como opciones mejores para que puedas hacer elecciones más acertadas.

A menudo, las drogas parecen ofrecer alivio, diversión o relajación, pero terminan provocando dolor, decepción, una sensación de derrota, o algo peor. Puedes evitarle mucho dolor a tu corazón, sabiendo con qué estás tratando y que tienes la capacidad de elegir. Si usas drogas para experimentar mayores niveles de conciencia de los que la vida diaria parece ofrecerte, hay otros métodos que te pueden dar resultados más duraderos y positivos. Además de explicar cómo las drogas afectan a tu cuerpo, a tu mente y a tu subconsciente, vamos a explicar los ejercicios espirituales que puedes probar por ti mismo. A pesar de que el poder de las drogas es grande, una vez que activas tu naturaleza superior, las exaltaciones que ellas ofrecen, palidecen en comparación. Si lo que estás buscando es aventura, entonces el descubrir, explorar y hacerte más consciente de quién eres verdaderamente, puede ser una de las mayores experiencias de tu vida.

Introducción

Las drogas están por doquier y tener información sobre ellas puede ayudarte a hacer elecciones sabias con respecto a aquello en que te estás involucrando. El uso de drogas puede ser una bendición bajo supervisión y control médico. Esto incluye drogas para aliviar el dolor empleadas en hospitales, o aquellas que se prescriben para tratar o eliminar síntomas de enfermedades. Ocasionalmente, mucha gente usa drogas tales como aspirina, digestivos o antigripales que pueden ser muy útiles. Esto también es uso de drogas, no te engañes pensando que no lo es.

Sin embargo, no estaremos hablando sobre este tipo de empleo de drogas, salvo en algunos casos relacionados con terapias que conducen a la adicción. Explicaremos alguna de las acciones y de los patrones relacionados con la droga y el *abuso* del alcohol, y ofreceremos información práctica que puede servirte, si estás abierto a ello. En este caso, deberás verificar la información por ti mismo.

Si no sabes lo que las drogas realmente le están haciendo a tu cuerpo, a tu mente y a tu inconsciente, esta información podría abrirte la mente. Si sientes que estas cosas te están lastimando de alguna manera y que necesitas información y opciones, este libro es para ti. Si no estás usando drogas o nunca las has usado, entonces esta información puede ser útil para otros que se te acerquen para pedir consejo y apoyo.

Una razón por la cual la gente consume drogas, es debido a su deseo de formar parte de un grupo. Tus amigos o la gente con la que quieres compartir lo hacen, de manera que tú también lo haces, ya sea que realmente lo quieras hacer o no. Participas en lo que está sucediendo para ser parte de un grupo. A menudo, oímos decir a las personas: "Todo el mundo lo hace", de modo que ellas siguen esa corriente también. Sólo Dios sabe adónde las puede llevar esa postura. Una cosa es cierta: las drogas apartan a la gente de su sendero de plenitud espiritual.

Los jóvenes son particularmente vulnerables a este deseo de encajar y ser aceptados. Los seres humanos somos criaturas muy sociables, pero, en definitiva, te darás cuenta de que no puedes agradar a todos todo el tiempo. Sin importar tu edad, vas a darte cuenta de que, en definitiva, eres tú mismo a quien debes agradar. Los amigos que tanto te importan hoy y que pueden ser la razón de que estés empleando drogas, pueden ni siquiera estar cerca de ti dentro de un año o dos. Se mudan o se involucran con otras cosas y te dejan solo con las consecuencias de tus acciones. *Entonces, ¿qué es lo que harás?* Estarás solo y podrías descubrir que no pasa nada en tu vida. Sé honesto contigo mismo. Todo el mundo sabe que la adicción a las drogas a menudo conduce a hospitales, cárceles o incluso a la muerte.

Para ustedes que son padres, esto puede parecer anticuado y sonar a frase gastada (y lo es, pero sigue siendo cierto también): *Es importante que le den a sus hijos un sólido entrenamiento espiritual y moral en casa.* Eduquen a sus hijos con respecto a las drogas. No necesitan decir: "No las uses" o: "Úsalas", no necesitan sermonear o moralizar. Alejarán a sus hijos si los critican o enjuician. Sólo digan: "Esto es lo que sucede". Preséntenles un libro de medicina, muéstrenles los experimentos, denles la información e incentívenlos a hablar sobre las drogas y su uso. Edúquenlos para que superen este patrón muy humano de tratar de encajar en la mayoría.

Hay muchas otras razones para involucrarse y permanecer involucrado con las drogas. Las tensiones de la vida diaria son, a veces, mayores de lo que las personas sienten que pueden manejar sin un trago que les ayude a relajarse, una píldora para aumentar su energía o simplemente algo para divertirse. Los capítulos siguientes abarcan el creciente uso y abuso de drogas y las razones para ello. Subyacente al uso de las drogas de mucha gente hay un esfuerzo por expandirse más allá de las limitaciones y frustraciones, y experimentar más de lo que la vida diaria parece ofrecer. El problema del consumo de drogas con esta intención es que, en esencia, su uso en realidad *interfiere* con nuestra capacidad humana normal de experimentar alegría, amor y una mayor capacidad de expresión.

Ciertos patrones de personalidad, presentes en algunas personas, las hacen más proclives al consumo de drogas. Uno de los principales es el patrón de *búsqueda de aventuras*. Las personas aventureras buscarán experiencias simplemente por hacer algo. Este rasgo a menudo parece ser "la aventura antes de la caída". Si estás haciendo lo que es correcto y apropiado, estás ejerciendo control sobre tu vida y no te estás metiendo en líos. Pero cuando te conviertes en un aventurero sin dirección, estás abierto a cualquier cosa que aparezca por tu camino.

Otro rasgo predominante entre los que usan drogas es la *impetuosidad*. Si puedes aprender a pensar antes de actuar, probablemente no usarás drogas. Le imprimirás una dirección a tus aventuras, las canalizarás y harás que funcionen para ti, como la aventura de aprender, pintar la casa, encontrar un nuevo libro para leer, escalar una montaña o cosas parecidas. La impetuosidad te mantiene en movimiento, pero además tienes que orientarte hacia las cosas en las que realmente quieres involucrarte. *Piensa* antes de lanzarte a tu próxima elección y podrás comenzar a obtener más de lo que realmente quieres. Esto requiere de práctica y construye fortaleza.

Algunas personas tienen karma o un sendero de vida relacionado con esta área del abuso de drogas.

Pero ello no las redime del hecho de involucrarse con ellas. Es fácil juzgar a las personas que se drogan, pero es mejor abstenerse de hacerlo. El juzgar no cambia nada y más bien será un obstáculo para la comunicación. Puedes ayudar a otros, incluyendo a tus hijos si eres padre, a entender tempranamente el patrón de abuso de drogas, para que cuando se enfrenten a ello, vean qué es, lo confronten y elijan evitarlo. Entonces, el peligro se anula y ellos son libres de dedicarse a otras opciones. Esto puede requerir de la fuerza y el apoyo de seres queridos que llaman a las cosas por su nombre, de una manera no enjuiciadora.

Finalmente, ciertos descubrimientos actuales de la bioquímica y la genética de las adicciones apuntan claramente a que la predisposición a la adicción a las drogas o al alcohol está determinada por la estructura genética de la persona y, por lo tanto, es hereditaria. Con todo, la expresión de la adicción requiere de la correcta combinación de los genes y la exposición ambiental, de la misma manera que lo hacen las reacciones alérgicas. Por ejemplo, una alergia a las frutillas está genéticamente determinada. Si una persona que posee esta alergia crece en un ambiente en el cual nunca estará expuesta a las frutillas, la reacción alérgica de quemazón en la boca, picazón, ojos llorosos (y en casos severos, falta de aire, interrupción respiratoria e incluso la muerte) no ocurrirá nunca. De la misma manera, una persona que posee la tendencia genética que la conduce a la adicción, só_o será capaz de expresar esta adicción si es que está expuesta a las drogas o al alcohol. El hecho de que los adictos sean genéticamente diferentes de los no adictos, puede ser verificado de muchas maneras. Una de las más simples es la siguiente: una persona normal metaboliza el alcohol transformándolo en acetilaldehido y luego en CO_2 (anhídrido carbónico) y agua:

Alcohol ⟶ **Acetilaldehido** ⟶ ⟶ CO^2 (anhídrido carbónico) H_2O (agua)
alcohol dehidrogenasa   dehidrogenasa aldehido

En algunos alcohólicos se da una reacción secundaria diferente y única:

Alcohol ⟶ **Acetilaldehido** ⟶ ⟶ CO^2 (anhídrido carbónico) H_2O (agua)
alcohol dehidrogenasa   dehidrogenasa aldehido   ⟶ TIQQ
enzima adicional de reacción secundaria

Algunos alcohólicos poseen genes con una enzima adicional de reacción secundaria que convierte parte del acetilaldehido en TIQQ, que las personas normales no tienen. El TIQQ tiene el mismo efecto en el cuerpo que la heroína. El TIQQ se acopla a los receptores opiáceos del cuerpo (véase el capítulo sobre heroína y opiáceos) y produce una adicción que puede ser tan poderosa y abrumadora como la adicción a la heroína. Estos alcohólicos tienen una experiencia y una reacción completamente diferentes con el mismo trago de alcohol que una persona normal. Variaciones bioquímicas similares pueden ser demostradas en el conjunto genético y en las reacciones de los individuos adictos a cualquiera de las diversos tipos de drogas. Aparte de la personalidad y de las razones del karma que conducen a la adicción, la genética y la exposición al entorno juegan también un rol preponderante.

1

Los Niveles de Conciencia

Nos integramos a la vida en este mundo con muchos niveles de conciencia. Necesitas tener un conocimiento básico de cuatro de ellos para entender las drogas y sus efectos.

El *ser consciente* es tu ser cotidiano, que funciona y se relaciona con el entorno físico, es el que está leyendo este libro. El *ser superior* actúa como un guardián o guía impersonal y está ubicado entre 15 y 20 centímetros por sobre tu cabeza. El *ser básico* se hace cargo de las funciones esenciales para la vida del cuerpo físico y protege los centros psíquicos. El ser

básico está ubicado alrededor del área del plexo solar
o estómago, generalmente justo arriba del ombligo
o, algunas veces, justo debajo. Entre el ser básico y el
consciente se encuentra la *mente subconsciente* que
graba y recuerda todo lo que sucede. *Todo.*

El ser superior se pone en contacto con el ser
básico y ambos trabajan juntos para aliviar a la conciencia de entidades, posesiones, comportamientos
desviados, extremos y/o fantasiosos, visiones fan-
tasmagóricas, etc. El ser superior y el consciente no
suelen estar en contacto directo. El ser básico está en
contacto directo con ambos. La comunicación entre
el ser superior y el consciente se realiza a través del
ser básico. El ser superior puede descender hasta el
ser básico y luego ascender a través de éste hacia
el ser consciente. Una clave importante aquí es que
las cosas que perturban al subconsciente o quedan
encerradas en él, pueden convertirse en un bloqueo
para tu comunicación interna fluida, perturbando tu
sentido de integridad.

Cuando esto sucede, puedes sentirte singularmente
desconectado de ti mismo o encontrar que piensas una
cosa y haces otra. Puedes sentir como si hubiera más
de un "tú" tomando decisiones y manejando tu vida.

Cada uno de estos niveles de conciencia tiene un
ritmo o patrón que es normal para él. Idealmente
estos ritmos marchan paralelos y fluyen al unísono:
los períodos de estar "en alza" y los períodos de estar
"en baja" suceden al mismo tiempo en todos los
niveles. Cuando esto sucede naturalmente, tú sientes
como si estuvieras funcionando como una unidad y

tienes la sensación de estar íntegro, en vez de estar disperso o fragmentado.

Algunas personas tienen un ritmo suave. Sus subidas no son muy altas y sus bajadas no son tan profundas; son personas estables, que no se exaltan nunca mucho con las cosas, pero tampoco no se deprimen nunca mucho. Caminan por el sendero del medio.

Luego, están aquellos que tienen subidas y bajadas extremas. Son personas que se excitan y se exaltan *mucho* por cualquier cosa, y a continuación, el suelo se derrumba y ellas se desalientan y se deprimen profundamente. Los ritmos de sus mentes consciente y subconsciente revelan picos muy altos y valles profundos. Ambos patrones pueden ser normales.

Hay un gran número de variantes entre estos dos extremos. Cada persona tiene subidas y bajadas normales y hay una cierta seguridad y utilidad en saber cuál es tu ritmo personal. Cuando tu ritmo está fluyendo hacia abajo, es bueno hacer trabajos metódicos y rutinarios. Cuando tu ritmo comienza a moverse hacia arriba, puedes volverte creativo y llevar a cabo una gran cantidad de trabajo. A medida que los niveles de tu ritmo se apagan y comienzas a descender otra vez, puedes volver a hacer cosas rutinarias. Puedes aprender a reconocer tus ritmos normales y volverte experto trabajando con ellos.

La mente subconsciente funciona con un patrón diferente, más semejante a una espiral o un resorte. Los niveles de la espiral están tan cerca, que a menudo las experiencias parecerán similares. Muchos de nuestros bloqueos, nuestras frustraciones y nuestros problemas residen en la mente subconsciente. Por definición, estas cosas están por debajo del nivel consciente, de manera que no nos damos cuenta de ellas. Pero ellas están ahí y de alguna manera pueden controlarnos si no las podemos soltar. Un ejemplo podría ser un miedo irracional al agua o a las alturas.

Conscientemente no habría ninguna razón para estos miedos, pero cuando aparecen, te sientes indefenso e incapaz de hacer algo al respecto. En algún momento pasado, podrías haber tenido una experiencia traumática relacionada con el agua o alguna caída, y esa experiencia se alojó en tu mente subconsciente. Cada vez que el subconsciente pase por ese lugar en tu espiral, experimentarás ese miedo nuevamente. Hay muchos ejemplos de este tipo de situación. Independientemente de dónde estén estos bloqueos y de aquello con que estén relacionados, ellos detienen el fluir, y dondequiera que haya un bloqueo, habrá algo de frustración.

Además de tener diferentes niveles de conciencia, los seres humanos también llegamos a esta vida con lo que se conoce como karma, y que son aquellas cosas que debemos cumplir para crecer y progresar hacia una conciencia superior. Definimos el karma como acciones incompletas de nuestro pasado que necesitan ser finalizadas. El ser superior y el ser básico conocen cuál es nuestro sendero kármico y qué es lo que tenemos que cumplir y completar. Sin embargo, es el ser básico el que trabaja directamente con el ser consciente para presentarnos experiencias y oportunidades de cumplir y liberar nuestro karma.

Si alguna vez has estado en Disneylandia, probablemente has visto el *Mark Twain* o el *Columbia*. Estos grandes barcos son como los viejos barcos del río Mississippi. Te subes y el barco navega a lo largo de un canal. No importa lo que suceda, ese barco no puede ser desviado, porque tiene rieles debajo que lo guían a través del agua. Tiene que ir por esa ruta predeterminada. Nuestro sendero kármico, que se expresa primero a través del ser básico y luego a través del ser consciente, trabaja de manera muy similar a esos rieles subacuáticos. Nuestro karma establece nuestro sendero a través de la vida y debemos permanecer en ese carril. Nuestro libre albedrío para determinar nuestra ruta fue ejercido *antes* de encarnar en este planeta. Entonces fue cuando colocamos los rieles en su lugar y tomamos las decisiones sobre la dirección de nuestra ruta. Ahora, al movernos a través de nuestra vida, tenemos un montón de elecciones. El barco es bastante grande y podemos movernos con él, pero su ruta ya está establecida de principio a fin.

Esta explicación de algunos de nuestros niveles de conciencia ha sido breve, pero nos da una base para poder seguir adelante. La mayoría de los efectos de las drogas están relacionados con la mente subconsciente y el ser básico. Explicaremos sus efectos fisiológicos en el transcurso de estas reflexiones.

2

Alucinógenos

Se ha cometido mucho abuso de drogas de
expansión de la mente como el LSD (ácido lisérgico
dietilamida). El LSD, que está hecho del cornezuelo
de centeno, o del mildiú del centeno o el trigo, fue
descubierto alrededor de 1934 en Suiza. En ese entonces, era producido legalmente para su uso comercial
por al menos un laboratorio. Hay también mucho
LSD disponible en el mercado negro. El LSD que
se obtiene en el mercado negro es poderoso y más
peligroso que el que fue producido comercialmente,
porque es elaborado sin ningún control de calidad.

Además, no es químicamente puro y al comprarlo, no hay manera de determinar con exactitud cuál es su composición química. A aquellos que producen y compran LSD en forma ilegal, no les importa si es "seguro" o previsible, mientras les pueda proporcionar un "viaje". Cualquier persona que cuente con los elementos y la información correctos, puede producir esta droga, que por tanto puede ser fabricada a gran escala, pero con un control de calidad deficiente.

Las semillas de la enredadera de campanita azul (Ipomoea violacea): Un efecto alucinógeno similar al LSD se puede obtener también ingiriendo gran cantidad de semillas de la Ipomoea violácea. Entre cincuenta y cien semillas son necesarias para una dosis individual efectiva. Las semillas se muelen generalmente en un molinillo de café. El polvo es purificado con éter o alcohol, filtrado y secado, y luego ingerido con una bebida combinada. El efecto es casi inmediato y dura entre ocho y doce horas.

Hongos psilocibios (peyote, hongos mágicos, "shrooms"): Ciertos tipos específicos de hongos que contienen psilocibina han sido usados por miles de años por los Nativos Americanos en América Central y del Sur. Los hongos se ingieren y su efecto alucinógeno se presenta dentro de los primeros 30 a 60 minutos, durando aproximadamente seis horas. Inicialmente aparecen sensaciones de ansiedad y paranoia, seguidas de estimulación mental, sentimientos de introspección, alucinaciones visuales, etc. Algunos consumidores podrían buscar conciencia espiritual o un entendimiento universal a través del uso de este tipo de plantas alucinógenas. Así como en el caso del LSD, pueden presentarse peligros de un mal viaje, incluyendo terror y alucinaciones horribles, psicosis y delirios paranoicos. Todos los alucinógenos pueden ser más peligrosos si son usados por individuos normales con una historia familiar de esquizofrenia u otras enfermedades mentales, ya que de hecho podrían desencadenar problemas psicológicos o mentales latentes.

Mezcalina (peyote): La mezcalina es uno de los psicodélicos más antiguos conocidos por el hombre. También ha sido usado históricamente en las ceremonias de los Nativos Americanos. La mezcalina se deriva de un pequeño cactus silvestre del suroeste de los Estados Unidos y el norte de México. Se consume seca y cada porción se llama "disco" o "botón-mescal". Los efectos psicodélicos son similares a los del LSD.

Los peligros de usar cualquiera de estos alucinógenos son semejantes e incluyen "malos viajes," psicosis y la activación de desórdenes psicológicos latentes.

Efectos sobre el subconsciente

Los efectos del LSD son significativos. Digamos que te está yendo relativamente bien; los ritmos en los niveles de tu conciencia están fluyendo bastante integrados. Luego, en algún momento, tomas LSD o algún otro tipo de sicodélico y "viajas". El viaje común de LSD dura entre nueve y quince horas. Durante este tiempo, tu sistema detiene su patrón normal y cambia su sendero habitual. Te elevas bien

alto, y cuando estás arriba, a causa de la rápida
velocidad de aceleración alcanzas una "conciencia
superior". Es un hecho; no hay ninguna duda sobre
esto. Pero cuando desciendes, tienes que entrar en
un patrón compensatorio y equilibrar la acción.
Hay personas que—por su estructura personal—no
son capaces de manejar estos rápidos cambios en
el funcionamiento de su mente y de su cuerpo, y
pueden quedar perturbadas psicológicamente. Pero
a la persona que puede soportar esta acción, puede
gustarle, por lo cual puede volver a tomar LSD para
tratar de repetir la experiencia.

Volvamos a la analogía del barco fluvial de Disneylandia. El efecto de tomar drogas, (y esto incluye
LSD, DMT, "speed" o anfetaminas, depresores,
estimulantes, marihuana, *todas* ellas) o de emborracharse con alcohol, puede ser comparado al efecto
de alguien que va a Disneylandia y destruye cerca
de seis metros de ese riel bajo el agua. El LSD hace
esto rápidamente; algunas de las otras substancias
—como la marihuana—tardan un poco más. De
todos modos, el resultado final es que un área de esa
base y soporte se ha ido. Cuando el barco llegue a
este lugar, descarrilará de las vías y se encontrará sin
dirección en el agua. Puede que el capitán comience
a girar el timón, pero eso no ayudará mucho. Podría
pensar: "¿Qué haré con mi vida y las vidas de toda
esta gente que está conmigo?". Podría tener suerte y
toparse nuevamente con las vías más tarde, pero eso
es realmente una posibilidad remota. Sin dirección,

estará a la deriva y probablemente en poco tiempo chocará con la costa.

Al consumir drogas, abres un boquete en los patrones de tu mente subconsciente; los rieles han sido arrancados. Realmente te has producido un daño y entonces decides tomar un sendero diferente. Has perdido tu habilidad de guiarte, has desvirtuado todas las conexiones con lo que sucede a tu alrededor. Puedes encontrarte a la deriva, tropezando y separándote más y más de tu ser y de tu dirección conscientes. Si tu ser consciente es fuerte y puede guiarte de manera segura, podrías ser capaz de sostener esa dirección y continuar en ella por bastante tiempo. Hay personas que han experimentado cientos de viajes de ácido y siguen funcionando bastante bien en el nivel consciente. Pero ellos son la excepción y *no la regla*.

A medida que te separas más y más de tu ser consciente, muchas cosas pueden suceder. Debido a que la mente subconsciente trabaja en base a un patrón en espiral, cada vez que da vueltas alrededor del área donde el "viaje" tuvo lugar, vas a vivir lo que a menudo se denomina una "recaída en seco". La mayoría del tiempo, éstas no son experiencias agradables y, generalmente, te sientes raro y molesto debido a que no puedes manejar lo que está sucediendo. No puedes controlar esta acción; te arrastra de nuevo hacia ese patrón y puedes sentirte extremadamente perdido y sin dirección.

Cuando se presenta alguna de estas experiencias de recaídas en seco, podrías incluso contemplar como posibilidad el suicidio u otras acciones auto-destructivas. Asimismo, podrías asustarte tanto, que te encerraras dentro de un patrón de miedo y te volvieras paranoico: "La gente quiere atraparme. Me pregunto si hablan de mí. Se están aprovechando de mí. Tengo que tener cuidado con la policía, etc.". La mente subconsciente y las emociones que ella controla han perdido contacto con la mente consciente y con la realidad del entorno, presentándose entonces estos patrones de paranoia.

Otra posibilidad es que la mente subconsciente adopte patrones de esquizofrenia, con subidas y bajadas extremas siguiendo un esquema totalmente errático e impredecible. Las personas afectadas de esta manera pueden o no ser capaces de funcionar fuera de un psiquiátrico.

Una tercera posibilidad es que te retires del mundo; podrías alejarte de la realidad y encontrar otra realidad que probablemente sea de un nivel más bajo que la que tenías originalmente. Si esto sucede, es posible que también termines en un psiquiátrico.

Muchas personas vegetan en instituciones psiquiátricas en la actualidad, debido a los efectos de esas drogas. Son responsables de sus actos, y sus propias decisiones permitieron que estas cosas ocurrieran. Podrían haber elegido algo distinto. Dichas personas pueden llegar a superar el estado en que se encuentran y recuperar los patrones normales de la conciencia, pero el camino es difícil.

Efectos sobre el cuerpo físico

Las drogas también afectan al cuerpo físico. Hay varias reacciones fisiológicas interesantes a considerar. Nuestra mente tiene lo que se llama una barrera cerebral natural que nos ayuda a distinguir entre la realidad y la ilusión. Al alcanzar las drogas el torrente sanguíneo, destruyen químicamente la barrera cerebral natural. Con la supresión de este filtro, la persona alucina y ve todo tipo de cosas raras en el espacio. A veces, se conecta con el reino astral bajo (*véase glosario*), lo que puede ser bastante aterrador. Otras personas que se han conectado a niveles más altos, al reino astral, afirman: "¡Esto es! ¡Encontré a Dios!". De hecho, encontraron a uno de los dioses, pero es un dios que se asegurará de que vuelvan a repetir esas experiencias otra vez.

Las investigaciones médicas sobre los efectos genéticos del LSD están, en el mejor de los casos, inconclusas. El ser básico es el que aporta el sendero kármico de los niños y también protege. Pero si su acción es destruida, no puede cumplir con su función y generalmente se produce una mutación de algún tipo.

Por cierto, los "niños de la talidomida" constituyeron un proceso diferente. La mayoría de esos niños no tenían karma. Ellos se hicieron presente y se sacrificaron para darle a los padres una lección de responsabilidad. Muchos de ellos eran Almas extremadamente avanzadas que vinieron hasta este lugar para hacer servicio a una o dos personas, lo que constituye un tremendo sacrificio; ellos realmente conocían bien el factor del amor y quisieron demostrarlo.

Las drogas también afectan tu sistema nervioso.
Los nervios del cuerpo están conectados unos con
otros de manera interesante. Cada terminación nerviosa está separada de la siguiente por un pequeño
espacio llamado 'sinapsis'. Extendiéndose parcialmente en este espacio, hay pequeñas prolongaciones
fibrosas llamadas axones y dendritas. Y llenando este
espacio se encuentra un ácido llamado acetilcolina
(que actúa como conductor del impulso nervioso) y
una enzima que inhibe la producción de acetilcolina.
Juntas, estas dos substancias químicas actúan como
una barrera natural para los impulsos nerviosos,
permitiendo que sólo aquellos impulsos que son
lo suficientemente fuertes como para sobrepasar la
sinapsis, prosigan hacia el cerebro. De manera que
cuando estas dos substancias están en correcto equilibrio, promueven una selectividad que asegura que
sólo las señales "importantes" de un nervio lleguen
al cerebro. Cuando un impulso es enviado a través de
un nervio, llega a la sinapsis y si es lo suficientemente
fuerte como para saltar por sobre la barrera entre los
nervios, el mensaje o impulso continúa su camino.
Si la energía nerviosa no es suficiente para arquearse
sobre la sinapsis, retrocede a una especie de circuito
reverberante y viaja alrededor del circuito hasta que,
o bien muere, o bien recoge suficiente energía para
nuevamente llegar hasta la punta del nervio, se arquea
a través del umbral y se mueve hacia el próximo
nervio. Algunas personas tienen un espacio mayor
que otras entre los nervios y en su caso, el impulso

nervioso tiene que ser más fuerte para que se dé la percepción. Aquellos que son más sensibles, tendrán un espacio menor y su facultad de percepción podría ser mucho más sutil y delicada. Podrían considerarse como 'síquicos naturales'.

Al consumir LSD o alguna otra droga, la enzima inhibidora de la acetilcolina desaparece y pareciera que los impulsos cruzaran directamente. En consecuencia, con la acetilcolina conductora del impulso que llena la sinapsis (dado que su producción no está siendo regulada), casi *todos* los impulsos nerviosos llegan al cerebro; nada es bloqueado, como ocurriría normalmente.

A su vez, una sección del tronco encefálico llamada *sistema de activación reticular* es responsable de filtrar contactos sensoriales no esenciales (por ejemplo, la sensación de la camisa en tu espalda) y sólo permite hacer llegar sensaciones significativas a los más altos sentidos de la conciencia (por ejemplo, los sonidos de la conversación que estás teniendo o las imágenes de las palabras en la página mientras lees esto). Algunas drogas inhiben la habilidad de filtrar información sensorial no esencial del sistema de activación reticular, causando una sobrecarga de estímulos sensoriales para alcanzar los centros más elevados del cerebro. Entonces, crees que estás teniendo una visión maravillosa; pero ello se debe sólo a que allí no hay ninguna restricción sobre tus nervios y la energía está cruzando directamente. Estás fuera de control. Alguien enciende una luz y tú crees que la luz claramente te atravesó y los colores parecen magníficos. Alguien abre una canilla y tú piensas que oyes las cataratas del Niágara. No hay discriminación ni restricción de los impulsos nerviosos que alcanzan tu conciencia. Cuanto más LSD tomes, más sólido se vuelve el arqueo sobre los nervios.

A medida que esto continúa, pierdes tus valores de discriminación y de selección. Sin estas barreras y ataduras que son tus frenos naturales, podrías comenzar a perder tu sentido de moralidad. Es tan natural como dar un paso más; la actitud se convierte en: "¿A quién le importa? No hace ninguna diferencia". *Vas a percibir* la vida de manera diferente. Todo lo percibirás de otro modo, y actuarás y reaccionarás de acuerdo a cómo percibas la verdad. Entonces, tu vida cambia y todos dicen que estás raro, pero tú podrías pensar: "Ellos no tienen idea, porque no lo han vivido".

Influencias psíquicas

Otro posible efecto de consumir drogas es que ciertas entidades tomen el control sobre tu cuerpo. Las drogas y el alcohol abren la puerta para que esto suceda; entraremos más detalladamente en el proceso relativo al consumo de alcohol más adelante en este libro.

Como hemos mencionado antes, el ser básico es el que controla los centros psíquicos, los chakras del cuerpo. Este control es destruido por el uso de las drogas. Destruyes toda tu protección natural y te dejas expuesto a que cualquier cosa entre en tu cuerpo. Podrías dejar entrar entidades desencarnadas que se te adhieran y asuman el control sobre tu cuerpo. Y tienen todo el derecho de hacerlo, porque tú has renunciado a tu control. Estas entidades pueden poseerte y dirigir tu vida de acuerdo a cualquier patrón que cumpla con sus necesidades y deseos. Por ejemplo, si la entidad era un alcohólico y está atado a la tierra por su deseo de alcohol, bien podrías convertirte en alcohólico y situaciones por el estilo. Una vez que estas entidades se han adherido a ti, se requiere de una gran cantidad de dirección consciente y fortaleza de propósito para librarse de ellas. Pero esto se puede lograr cuando estés listo a renunciar a los comportamientos que les permiten entrar y comiences a cimentar tu fortaleza personal mediante prácticas espirituales.

3

Píldoras

Depresores (Benzodiazepinas)

Los "depresores", como implica la palabra, te deprimen al sedar el sistema nervioso central; comúnmente se los conoce a través de muchas marcas y nombres de dominio público: somníferos, tranquilizantes, Ravotril, Diazepam, Valium, etc. Estas drogas son adictivas; los síndromes de abstinencia son tan severos que pueden llegar a producir la muerte.

La palabra técnica para la mayoría de los depresores es benzodiazepina. Éstos incluyen muchas de las prescripciones de medicamentos adictivos comúnmente recetados por los médicos contra la ansiedad, el insomnio (dificultad para conciliar el sueño) y, a veces, para el tratamiento de convulsiones. Ejemplos: Alpax, Librium, Rivotril, Valium, Trapax. Generalmente, son consumidos en dosis bajas durante períodos de tiempo relativamente largos por pacientes reales bajo vigilancia psiquiátrica o de un médico clínico.

A pesar de que estos medicamentos por lo general son recetados a pacientes en forma legítima por médicos y psiquiatras titulados, el síndrome motivante de una prescripción de benzodiazepina de baja dosis está ampliamente difundido. Es el síndrome más fuertemente adictivo, siendo los síntomas de su abstinencia de muy larga duración y extremadamente desagradables. Pueden llegar a incluir ansiedad extrema, náuseas, vómitos, dificultad para dormir, dolores severos a las articulaciones y los tendones, temblores, convulsiones e incluso la muerte.

La superación de los síndromes de abstinencia de la benzodiazepina constituye generalmente un proceso aún más duro, desagradable, largo y peligroso que la eliminación de los síndromes de abstinencia de la heroína.

Las benzodiazepinas son medicamentos efectivos cuando son recetados en forma adecuada por un período corto (de uno a tres meses como máximo). La investigación y comprensión de la mecánica de la adicción son relativamente nuevas y aún no se han difundido lo suficientemente al interior de la comunidad médica. Hoy en día es aún común encontrar médicos titulados bien intencionados recetando correctamente bajas dosis de benzodiazepinas a sus pacientes por *períodos largos*, creando sin quererlo una adicción poderosa, cuyo síndrome de abstinencia no deja de ser peligroso. Queremos destacar este punto, porque se trata de algo que representa potencialmente un riesgo significativo para las personas que, de otra manera, no estarían lidiando con una drogadicción.

Generalmente, la adicción a la benzodiazepina no es el resultado del uso clandestino, ilegal y recreativo de drogas, sino la consecuencia para personas que siguen las indicaciones de médicos titulados bien intencionados que están tratando a sus pacientes. Si te recetan estos medicamentos a largo plazo (de uno a tres meses), es importante que busques una segunda o tercera opinión médica para protegerte de su síndrome adictivo.

Un peligro adicional de las benzodiazepinas se halla en una potencial sobredosis, especialmente en combinación con alcohol. Tanto el alcohol como las benzodiazepinas son metabolizadas, limpiadas del flujo sanguíneo por el mismo sistema de enzimas que el del hígado (llamado 'sistema citocromo P450'). El hígado tiene una capacidad limitada para procesar o *bien* una carga de benzodiazepina, *o bien* una carga de alcohol. Esta capacidad se hace mayor en personas que beben o toman benzodiazepinas en forma regular. Tomar benzodiazepinas y alcohol juntos puede fácilmente sobrecargar la capacidad metabólica del hígado y el resultado son niveles temporales tóxicos de benzodiazepinas libres en el flujo sanguíneo, causando una supresión respiratoria y en algunos casos, incluso la muerte. La combinación de píldoras y alcohol es extremadamente peligrosa.

Hay también muchas muertes que ocurren simplemente a causa de una sobredosis de depresores. La posibilidad de morir por el uso de depresores parece ser incluso mayor que con cualquier otro tipo de drogas.

Estimulantes (anfetaminas)

Los "estimulantes" son anfetaminas: las marcas Benzedrina, Adderall, Dexedrina, Metanfetamina (éxtasis), MDA, etc. Muchas personas excedidas de peso están familiarizadas con estas píldoras, porque suelen usarse para controlar el peso o en el marco de programas para perder peso. Los estimulantes pueden ser en verdad aterradores, haciendo que la persona esté tan hiperactiva internamente, que le den ganas de "subirse por la pared". Las píldoras "para mantenerse despierto" tienen aproximadamente el mismo efecto que las anfetaminas, pero no son tan fuertes.

Si tomas tranquilizantes o LSD, o fumas marihuana, el efecto se disipa lentamente. Generalmente, vas a la cama y te despiertas al día siguiente con una resaca a causa de la droga y sintiéndote medio dormido. Para la tarde, estás funcionando normalmente y las cosas te van de lo mejor. Pero en el caso de las anfetaminas, el efecto de la droga se desvanece rápidamente.

Hay un caso de historia clínica que demuestra algunos de los peligros de las "anfetaminas". Hace algunos años, las casas de moda en la ciudad de Chicago trataban de ganar la competencia para que su ropa llegase primera a la costa del oeste de EE.UU. Si lograban que su marca inundara los mercados de California, esto fijaría las tendencias para el resto del país, y la empresa cuya ropa llegara primero, era la que obtendría las mayores ganancias. Se les dijo a los conductores de los camiones: "Tienes que llegar a la costa primero y ganarles a nuestros competidores. Haz el viaje lo más rápido que puedas".

Durante las primeras ocho horas, los conductores resistieron bastante bien. Entonces, se detuvieron para tomar café y se tomaron una píldora para mantenerse despiertos. A la media hora, totalmente estimulados, manejaban con los ojos bien abiertos. Pero, luego, empezaron a desarrollar una especie de mirada fija, y conducir el camión se convirtió en algo casi hipnótico para ellos. Cada cuatro o cinco horas, se detenían y tomaban otra pastilla, la que por lo general, los estimulaba y seguían adelante. Después de haberlo hecho unas cuatro veces, continuaban manejando por la carretera, cuando de pronto se durmieron profundamente y ¡PAFF!, chocaron. No tuvieron ningún preaviso; simplemente se quedaron dormidos. Los estimulantes bajan tu ritmo rápidamente una vez que el efecto pasa. Los estudiantes, a veces, usan los estimulantes para ayudarse cuando están estudiando a último momento para un examen. Cuando te despiertas con la cabeza sobre el libro, te das cuenta de que quizás eso no te sirva y que sería mejor que empezaras a estudiar con mayor anticipación.

La metedrina o metanfetamina, ("speed", "cristal", MDA (metilenodioximetanfetamina, "crank"), de la familia de las drogas sintéticas, mata. Otro tipo de anfetamina más fuerte puede inyectarse de manera endovenosa y frecuentemente también puede fumarse. En ambos casos, el resultado es un viaje breve y rápido. Las anfetaminas también pueden aspirarse en forma de polvo y su estimulación es más gradual. Te estimulas tan rápidamente, que pierdes no sólo tu juicio ético, sino además tus valores humanos. Tiene el efecto de distanciarte de tu sentido acostumbrado de lo que está bien y de lo que está mal, de tus emociones y de un sentido interior de dirección y discernimiento. Podrías matar a alguien sin que te causar demasiada preocupación. Ha habido muchas instancias en que alguien ha sido golpeado hasta ser muerto o gravemente herido y, de alguna manera, el "speed" ha estado involucrado en la acción.

Las anfetaminas pueden ser fabricadas de forma económica en laboratorios caseros con productos químicos también caseros o con otros que se venden al público en las farmacias, tales como la pseudoefedrina. El uso de anfetaminas (éxtasis) en forma de pastillas junto con alcohol es muy común entre los jóvenes que van a las fiestas "rave". El "séxtasis", que es una combinación de Viagra con éxtasis, también es comúnmente usado en la comunidad homosexual. El éxtasis frecuentemente es llamado la "droga del amor", porque sus efectos sobrepasan las restricciones normales del comportamiento social y el resultado puede ser una actividad sexual indiscriminada. La frecuencia de la adicción a las anfetaminas a causa del abuso de medicamentos destinados a la pérdida de peso está disminuyendo. Debido a su potencial de abuso, se considera que las anfetaminas han dejado de ser médicamente efectivas con este propósito. Por otro lado, hoy en día se considera médicamente apropiado recetar anfetaminas para el tratamiento de ciertos tipos de Desorden de Déficit de Atención (DDA) e hiperactividad en niños.

Podría parecer contradictorio recetar una anfetamina estimulante a un niño hiperactivo. La acción beneficiosa resulta de una estimulación de baja dosis del sistema de activación reticular del cerebro. Esta sección del tronco encefálico es la responsable de filtrar la información sensorial irrelevante e impedir que llegue a los centros superiores del cerebro. La estimulación del sistema de activación reticular mediante dosis de anfetaminas muy bajas, recetadas apropiadamente, tales como el Ritalin, aumenta la habilidad del sistema reticular para impedir la introducción de datos sensoriales ajenos. Paradojalmente, también calma al niño y permite que se enfoque más fácilmente en tareas específicas, gracias al aumento del filtrado de elementos sensoriales que pueden distraer.

Hoy en día, la adicción a las anfetaminas es causada por el uso recreativo ilícito de "speed", "crank", "cristal" o éxtasis. La droga puede tomarse por vía ora en forma de píldora o polvo, puede ser aspirada o inhalada en forma de polvo (lo que da una sensación desagradable de ardor en las membranas nasales), fumada en una pipa de vidrio (lo que provoca un viaje rápido y extasiado), o inyectada directamente a la vena (lo que provoca un viaje aún más rápido y extasiado). Inicialmente, los efectos son bastante eufóricos, incluyendo la sensación de una realzada claridad de pensamiento, una mayor sensación de bienestar, euforia, una gran expresión de emociones cálidas y una liberación de las inhibiciones sexuales normales. Son comunes la dilatación de las pupilas, la sequedad en la boca y la sudoración. Sin embargo, el uso continuo muy pronto requiere de dosis cada vez mayores para llegar al efecto deseado. El individuo empieza a perder peso, se vuelve paranoico, ansioso e irritable y, por último, desvía su atención desde una vida normal (escuela, trabajo, familia y amigos) hacia aquellas actividades que se relacionan específica y únicamente con la obtención y el consumo de la droga. Esta transición puede ocurrir muy rápidamente y de forma más obvia en algunas personas, o más lenta y secretamente en otras, dependiendo del nivel de exposición, la personalidad y los niveles de predisposición genética. En cualquiera de los dos casos, el interés mayor de vida en la persona se centrará a la postre únicamente en la obtención y el uso de la droga.

El síndrome de abstinencia de las anfetaminas se caracteriza perceptiblemente por irritabilidad, aislamiento, pérdida de peso y temblores. Una sobre-dosis puede causar arritmia cardiaca, convulsiones, accidentes cerebro-vasculares, infarto o psicosis paranoica. La adicción de largo plazo a anfetaminas generalmente causa pérdida de peso, psicosis, con-vulsiones, infartos o accidentes cerebro-vasculares.

El "speed" deteriora el cuerpo. Los primeros lugares en donde golpea son los órganos que nos entregan nuestra máxima energía. El hígado, que purifica la sangre, probablemente sea el primero en dañarse. Le siguen el bazo y luego, probablemente los riñones y la vesícula. Las personas que usan "speed" empiezan a tener dolores corporales; a menudo, están perfectamente conscientes de que el uso de la droga los está afectando físicamente. Luego de estos órga-nos, el "speed" empieza a afectar distintas partes del cerebro. Generalmente, empieza a afectar primero la parte inferior del cerebro, donde se centran los procesos instintivos. Llegado este punto, las perso-nas piensan que están haciendo muy bien las cosas hasta que empiezan a chocar contra las paredes. Su sentido de equilibrio está bien, pero lo que sucede es que este pensamiento de "reflejo espinal" ya no está funcionando. Chocarán contra una pared y dirán: "Uy, ¡esto sí que es gracioso!". Cuando empiezan a verse afectados su oído interno y su equilibrio, ya están en pleno deterioro.

Hay otra droga con el nombre de DMT (Dime-tiltriptamina o Triptamina) y, aunque ya no se usa demasiado, valga aquí la información. Los viajes con DMT duran aproximadamente cuarenta y cinco minutos. Muchas personas la consumían durante su hora de almuerzo, por lo que los apodábamos "viaje corto para el almuerzo". El DMT también destruye el cuerpo. Pero el mayor peligro es su inestabilidad. Simplemente no sabes qué consecuencias traerá.

4

Heroína/Opiáceos

El cuerpo humano produce de manera natural
hormonas llamadas endorfinas que se acoplan a
receptores específicos de la superficie celular, llama-
dos receptores de endorfinas o receptores opiáceos.
Lo que crea un sentido normal de bienestar y agrado
es el enlace de las endorfinas liberadas por el sistema
nervioso central con los receptores opiáceos de la
superficie de las células del cuerpo. Durante episodios
de extremo estrés, tales como heridas severas, huesos
rotos, laceraciones, etc., el cuerpo libera mayores
niveles de endorfinas que se unen a los receptores

opiáceos y reducen la percepción mental del dolor hasta un nivel tolerable. Esto le permite al individuo soportar con mayor facilidad el episodio doloroso.

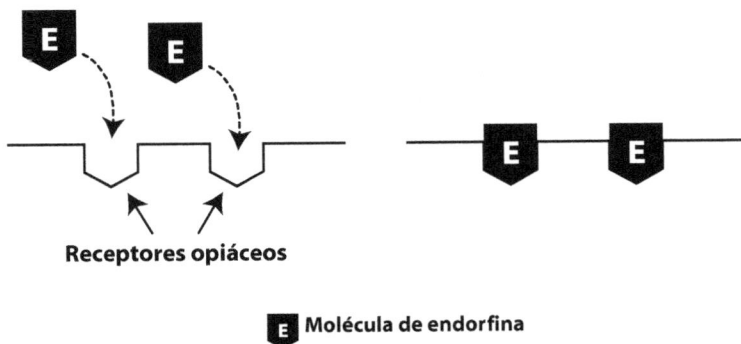

Receptores opiáceos

E Molécula de endorfina

La clase de drogas llamadas opiáceos, incluidas la heroína, la codeína, el opio, el Vicodín, la morfina, la metadona, el Oxicontin (Percodan), el Darvon, el Demerol y otras, son producidas en base a plantas (por ejemplo, la heroína se obtiene a partir de la amapola). Sus elementos químicos son estructuralmente similares a las endorfinas que el organismo humano produce en forma natural, y encajan perfectamente con los receptores opiáceos de la superficie celular del cerebro. Con todo, la activación de los receptores opiáceos del cerebro es mucho más poderosa cuando estas drogas opiáceas actúan allí que cuando las propias endorfinas del cuerpo lo hacen.

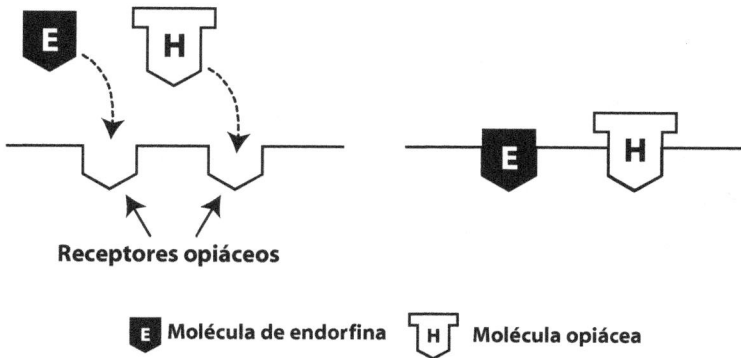

Receptores opiáceos

E Molécula de endorfina   H Molécula opiácea

En consecuencia, cuando se administra heroína y otras drogas de esta clase, producen un profundo sentido de bienestar, agrado y liberación del dolor. Otros efectos de los opiáceos son náuseas, constipación y somnolencia.

La heroína puede ser aspirada en forma de polvo, fumada sobre papel de aluminio y, por supuesto, inyectada de manera endovenosa. La codeína, el Propoxifeno (Darvon) y la Hidrocodona (Vicodín) son píldoras y, generalmente, recetadas por médicos.

La sobredosis de opiáceos produce somnolencia profunda, vómitos, supresión de los reflejos normales de la tos protectora, supresión de la respiración, paro respiratorio y muerte. El efecto adictivo de la heroína a nivel psicológico es extremadamente rápido; el síndrome de abstinencia dura dos o tres días e incluye sudoración, temblor, náuseas, severo dolor corporal y depresión. Hoy en día existe un tratamiento nuevo y controversial para la adicción a los opiáceos llamado "Rapid Detox" (desintoxicación rápida). En este caso, el individuo es paralizado químicamente (completamente anestesiado), entubado y conectado a un respirador (ventilación automática). Mientras el individuo está completamente inconsciente y paralizado, se inunda el cuerpo con Narcan (naloxone) endovenoso. Narcan es un producto químico (usado generalmente en las salas de emergencia para el tratamiento de la sobredosis opiácea aguda), que se une estrechamente a los receptores opiáceos del cuerpo y desplaza a todas las moléculas de la droga opiácea de los receptores. La presencia de naloxone en el organismo impide que la molécula opiácea pueda unirse a algún receptor opiáceo disponible, con lo cual el "vuelo" retrocede completamente y se concluye.

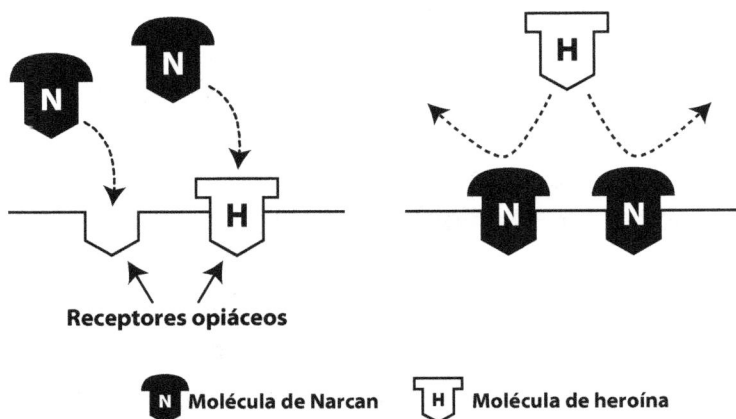

Receptores opiáceos

N **Molécula de Narcan**   H **Molécula de heroína**

Todo lo que resta por hacer es eliminar del torrente sanguíneo del paciente todos los opiáceos desplazados, administrándole de manera endovenosa líquidos y diuréticos (medicamentos que estimulen la eliminación de orina), durante las siguientes cuatro a seis horas. Si el paciente estuviera despierto, experimentaría una reacción de abstinencia a la droga intensamente aguda. Sin embargo, al estar totalmente anestesiado y paralizado y al ser mantenido vivo (mediante ventilación automática), luego de despertar—una vez pasada la reacción de abstinencia aguda—no tiene ningún recuerdo desagradable o experiencia de ello. De alguna manera, este procedimiento es un avance maravilloso. Sin embargo, y dado que la horrible experiencia de la abstinencia puede ser evitada, aquellos adictos que cuentan con los medios financieros necesarios, tienden a recaer inmediatamente en el uso de la droga, ya que saben que pueden pasar por el procedimiento de desintoxicación rápido otra vez, pagando algunos pocos miles de dólares cada vez que sientan que "han tenido suficiente".

La heroína, "la gran H", generalmente es inyectada de manera endovenosa para que entre rápidamente al corazón y al torrente sanguíneo y lograr así un "vuelo" rápido. La heroína es adictiva *fisiológicamente* y también crea una dependencia *psicológica*. Esta droga puede ser limpiada del cuerpo físico en aproximadamente dos semanas, es decir, la adicción fisiológica puede ser curada en ese tiempo. Pero la mayoría de estos adictos "curados" saldrán del hospital e irán derecho a conseguir otra dosis, porque la necesitan psicológicamente. Se convierte en una muleta sin la cual no funcionan.

Con la heroína es casi como si se colocara una barrera entre los nervios. No es un puente como en el caso de los alucinógenos. Más bien es como si estuviéramos ante una formación de endurecimiento. Si alguna vez has observado a un adicto que se inyecta mucha heroína, probablemente verás que su piel parece gruesa. Parecería que los impulsos nerviosos tienen que atravesar con fuerza para ser capaces de puentear las sinapsis. La diferencia es como una palmada sobre la piel desnuda o una palmada sobre la piel a través de una camisa. Los impulsos se siguen incrementando, la barrera entre los nervios también se incrementa y la respuesta sensible se engrosa gradualmente. Esto se ve en personas que se han estado inyectando durante diez o doce años. Una sola inyección de heroína no les basta, así como tampoco dos o tres. Pero si la cantidad de veces aumenta, probablemente la persona logre los resultados perseguidos.

5

Marihuana

Canabis, marihuana, hierba, macoña, hachís, porro, o como se la quiera llamar, es aquella droga que la gente dice no va a lastimarte. Mucha gente opina que no es adictiva, que no es como otras drogas, que no te va a lastimar. A causa de afirmaciones y actitudes como éstas, nosotros la consideramos la más peligrosa de todas las drogas. Es cierto, no es adictiva fisiológicamente, pero tampoco lo son el LSD o muchos de los "estimulantes". Pero todas estas substancias crean una dependencia psicológica que es tremendamente poderosa, más poderosa que la adicción física. Las personas que se convierten en adictas a las drogas por un programa hospitalario, por lo general pueden dejar las drogas, abandonar la institución y no extrañarlas nunca. La dependencia *psicológica* es un problema mucho mayor.

Digamos que tu mente consciente y tu subconsciente están funcionando con sus patrones normales y en algún momento fumas un cigarrillo de marihuana. Probablemente no te afectará demasiado, quizás no signifique nada. Podrías sentir un poco de náuseas, pero no demasiado. Fumas otro y comienzas a sentirte un poco volado. Es muy fácil, no hay grandes sacudidas y vuelves a bajar. No hay efectos adversos, ningún problema (del que estés consciente). Podrías haberte sentido simplemente un poco volado y el episodio ser un tanto placentero, así que lo vuelves a probar otra vez. Esta vez fumas un poco más, te "vuelas" un poco más. Tal vez comiences a perder el equilibrio y la perspectiva y lo dejes y no vuelvas a fumar nunca más.

Pero imagina que por el motivo que sea continúas fumando y fumas más seguido y en mayor cantidad. Al principio, los patrones de la mente subconsciente se vuelven un poco diferentes de los de la mente consciente, pero no lo suficiente como para notarlo. Sin embargo, continúan separándose de la mente consciente; la separación aumenta y la comunicación entre mente subconsciente y consciente finalmente se bloquea.

Al continuar fumando, los patrones de la mente subconsciente se vuelven más erráticos y desconectados. Si tu mente consciente es fuerte, puedes continuar fumando marihuana por largo tiempo, sin que los efectos o los cambios se manifiesten demasiado. Pero los cambios ocurren en el nivel subconsciente. A la postre, el proceso podría alcanzar el punto donde comenzarán los mismos patrones reactivos de otras drogas adictivas, pero en forma tan gradual y sutil, que puedes no darte cuenta de que te has encerrado en ese nuevo patrón. Estás fuera de control, entonces tienes que fumar, ya no para "volarte", sino para mantener una sensación de normalidad. Te das cuenta de que si te permites caer, eres un desastre, así que fumas constantemente para permanecer "normal". Luego, en un esfuerzo por permanecer "volado" o por quebrar dicho patrón, podrías seguir con las drogas pesadas, "speed", heroína, algo que se inyecte o se ingiera que te proporcionará un "vuelo" más alto y más rápido. Y luego tienes que inyectarte cada vez más para mantenerte en ese punto. Podrías terminar adquiriendo un hábito muy caro.

Mucha gente joven que fuma marihuana en demasía ha recurrido a mí sabiendo que las drogas los estaban afectando y pidiendo ayuda. Les habían dicho que la marihuana no presenta problemas, que no es adictiva y que no produce ningún daño. Pero su experiencia fue diferente. Hubo personas que me dijeron que no podían pensar, que realmente no podían controlarse y que les parecía que volvían a sentirse "volados", cuando ni siquiera habían estado fumando.

Tienen razón y cuando una persona reconoce esto por sí misma, este puede ser un gran paso en la rehabilitación. Otras personas seguirán afirmando que esta droga simplemente no puede ser peligrosa y que lo que se dice es un invento. Demasiadas veces, éste es el enfoque que la gente adopta al hablar con otros sobre la marihuana, especialmente la gente joven. Pero la persona que se droga, dirá: "¡MIRA! Pruébalo y ve lo que sucede". Y si en verdad miras a alguien que sabes está fumando marihuana, tendrás que decir: "Tienes razón, realmente algo te ha cambiado".

Lo terrible aquí es que la mente consciente intentará continuar, pero la mente subconsciente se ha desequilibrado y simplemente no puede lograrlo. Algunas de estas personas intentan encontrar a Dios. Tratan de expandir su conciencia y descubrir qué les sucede. Si una persona que decide fumar marihuana para expandir su conciencia espiritual alcanza el nivel de conciencia que ha estado buscando, y nunca más vuelve a consumirla, ésta puede ser vista como una acción positiva. Pero, el 99.99 por ciento de las veces no es éste el caso. O bien se busca principalmente un estímulo o un momento de placer, o bien se pierde el rumbo de la meta original de mayor conciencia, una vez que se comienza a fumar, siguiendo luego por la consabida ruta del deterioro.

La marihuana tiene una variedad de efectos sobre la persona y la duración de esos efectos son

impredecibles. Un factor que contribuye a la inestabilidad de la marihuana y de otras drogas ilícitas es
que se mezclan con varias otras cosas. Realmente no
tienes certeza de lo que estás consiguiendo. Este factor
puede marcar una gran diferencia en quienquiera que
las use.

La reacción de una persona frente a la marihuana
y a las drogas en general depende de muchos otros
aspectos, además de la droga misma. Depende de la
fortaleza de su mente consciente y de su mente subconsciente. Depende de su estructura y sus rasgos de
personalidad. Depende de su genética, su entorno, su
estabilidad emocional y su grado de desarrollo espiritual. Depende de si va a beber o a tomar otras drogas
en combinación durante la experiencia. Depende de
su condición física cuando las use. La respuesta de
cada uno depende de una amplia variedad de factores,
y *todos* deben ser tomados en consideración.

Alguien podría fumar marihuana o usar drogas
en alguna ocasión y no sucederle nada. Otra persona
podría fumar marihuana o usar drogas por una sola
vez y matarse. Conocemos el caso de una persona
que fumó algo de hachís y saltó por la ventana (que
estaba en el segundo piso), se quebró ambas piernas,
se arrastró hasta una mujer y la mató, "porque Dios
dijo que ella debía partir". Las autoridades pensaron
que era un psicópata hasta que empezaron a inves-
tigar y a hablar con sus amigos, los que les dijeron
que él había estado fumando hachís y que había
quedado "más volado que un cometa", cuando lo

habían dejado antes del crímen. Hay también un caso de una joven que iba en coche por la autopista con su novio. Ella consideró que él iba conduciendo demasiado despacio y que sería más rápido si ella caminaba, entonces saltó del auto cuando éste iba a 120 kilómetros por hora y se mató. Éstos son incidentes reales, que podrían suceder después de fumar uno o muchos 'pitos'. No puedes predecir la reacción. La marihuana distorsiona tus percepciones.

La marihuana también ataca y rasga el cuerpo etéreo como si se rasgara un pedazo de papel. La ruptura a menudo ocurre en un lugar que corresponde a la formación reticular del cerebro y también en un lugar que corresponde a la glándula pituitaria, que es la glándula maestra del cuerpo. Cuando el cuerpo etéreo está rasgado, las fuerzas vitales se diseminan, porque no están siendo canalizadas a través de las aberturas naturales de los chakras del cuerpo. Entonces, en vez de fluir de una manera hermosa a través de los patrones del aura, la energía vital se escapa a través de las rasgaduras, y el aura o el cuerpo etéreo se vuelven pegajosos como la miel o la melaza.

Si tienes la habilidad, puedes darte cuenta si alguien tiene algún tipo de droga en su cuerpo, porque al pasar tu mano por su aura, ésta se siente pegajosa y tu mano se arrastra como si la estuvieras moviendo a través de un potaje de avena. Lo positivo de esto es que las rasgaduras pueden ser selladas para que la energía pueda fluir nuevamente de manera natural, aunque se necesita de alguien que esté entrenado y sepa cómo reparar este tipo de daño.[1] Debes, además, estar dispuesto a dejar de fumar marihuana o, simplemente, recrearás el problema. Existe un fuerte debate sobre el uso médico legítimo de la marihuana, prescrita para el tratamiento del glaucoma (para reducir la presión intraocular), del cáncer y del VIH (para estimular el apetito y reducir el dolor). Esta controversia aún no está resuelta.

Como dijimos al principio de este capítulo, la gente a menudo fuma marihuana o hachís, pensando que estas substancias no tienen ningún efecto negativo y que no son adictivas, convirtiéndolas así en una de las drogas más peligrosas de todas.

---

[1] El Movimiento del Sendero Interno del Alma (MSIA) ofrece balances de aura que pueden ayudar a reparar las rasgaduras en el cuerpo etéreo y en el aura causadas por el consumo de drogas. Para mayor información, llamar a las oficinas del MSIA al (323) 737-4055 (EE.UU.) o visitar www.msia.org

6

Cocaína

Inicialmente, la cocaína era masticada en una hoja por los indios sudamericanos debido a su efecto estimulante. También era usada como un anestésico local antes de que se desarrollaran anestésicos más potentes, menos caros y menos activos psíquicamente. La cocaína tiene dos efectos importantes que se presentan al aumentar la acción de dos neurotransmisores mayores (químicos responsables de la transmisión de los impulsos nerviosos en el cuerpo).

1. *Primer efecto importante de la cocaína:* La cocaína bloquea la reabsorción de la norepinefrina de las

sinapsis entre las neuronas que conducen tanto a la excitación del sistema nervioso central como del periférico.

a. Al llegar un impulso nervioso desde la neurona I, éste alcanza la sinapsis y la norepinefrina es liberada a través del espacio sináptico causando la transmisión del impulso a la neurona siguiente (neurona II).

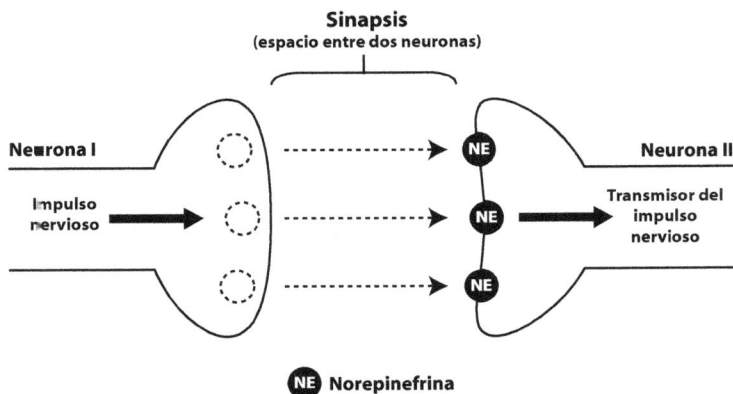

Sinapsis
(espacio entre dos neuronas)

Neurona I

Impulso nervioso

NE

NE

NE

Neurona II

Transmisor del impulso nervioso

NE Norepinefrina

b. Siguiendo esta transmisión, la norepinefrina normalmente es removida de la sinapsis (proceso llamado de reabsorción de la norepinefrina) y devuelta a la neurona I, terminando así la estimulación continuada de la neurona II.

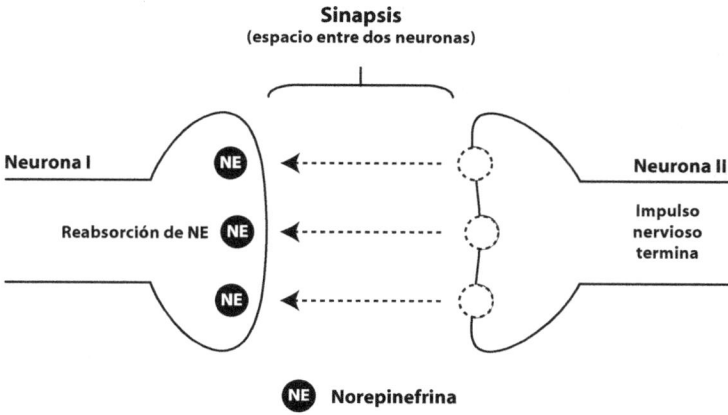

Sinapsis
(espacio entre dos neuronas)

Neurona I

Reabsorción de NE

Neurona II

Impulso nervioso termina

NE Norepinefrina

c. La cocaína bloquea la eliminación (reabsorción) de la norepinefrina de la neurona II, causando así una estimulación continua y sostenida a través de la sinapsis. Éste es el "vuelo" de la cocaína.

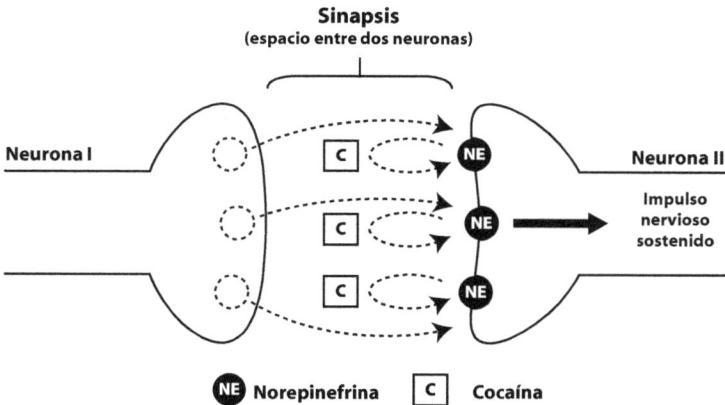

Sinapsis
(espacio entre dos neuronas)

Neurona I

Neurona II

Impulso nervioso sostenido

NE Norepinefrina   C Cocaína

Otro nombre de la norepinefrina es noradrenalina. Los efectos de los niveles de adrenalina aumentados tendrían que serte familiares, ya que es la manera como el cuerpo reacciona frente al nerviosismo, a la ansiedad, al enojo o al miedo.

Además de la estimulación central y periférica del sistema nervioso ilustrado más arriba, la cocaína tiene un segundo efecto importante.

2. *Segundo efecto importante de la cocaína:* La cocaína causa directamente una liberación de dopamina. La dopamina es un neurotransmisor dentro del sistema nervioso central que estimula los centros del placer del cerebro. A través de estos dos mecanismos, la cocaína induce a la excitación y la euforia. Algunos hombres experimentan una estimulación intensa asociada a una completa impotencia. Puede ser sexualmente estimulante, ya sea con o sin impotencia asociada.

La cocaína puede ser aspirada, inyectada o, más habitualmente, fumada. En su estado de base libre—lo que se logra hirviendo cocaína en polvo con bicarbonato, de lo cual resulta un sólido que se evapora fácilmente—, la cocaína puede ser fumada como base libre o como 'crack'. Cuando se fuma de esta manera, el vuelo puede ser tan estimulante y eufórico como una inyección endovenosa, porque los pulmones absorben los químicos muy rápida y fácilmente. El vuelo del 'crack' o de la base libre es tan intenso, que mucha gente experimenta una adicción inmediata luego de la primera ingesta ("toque" o "pase").

La cocaína en polvo suele ser relativamente cara, mientras que el 'crack' es mucho más barato y más fácil de conseguir; además, presenta mayores índices de adicción. El vuelo resultante de la aspiración de la cocaína dura tan sólo de tres a cuatro minutos. Y tal como sucede con muchas substancias adictivas, el individuo requiere muy pronto de mayores cantidades para obtener el nivel del "pase" anterior. Como ya se describió anteriormente, el interés de la actividad del individuo cambia (gradual o bruscamente) de patrones de vida normal a actividades centradas sólo en torno a la obtención y el consumo de la droga.

Tanto el uso continuado de cocaína como el de anfetaminas provoca una paranoia específica y característica, denominada "tweaking". El individuo afectado muestra una conducta repetitiva y obsesiva como: cerrar ventanas y persianas, cerrar con llave las puertas, apagar las luces, obsesión por los intrusos y sensaciones de ser observado. El estado inicial de euforia da paso rápidamente a un estado de paranoia.

Afortunadamente, el síndrome de abstinencia de la cocaína es más psicológico y menos fisiológico, a diferencia del de los opiáceos con sus temblores pasajeros, náuseas, convulsiones y dolor, o del de la benzodiazepina con sus continuos malestares, dolores del cuerpo y articulaciones, temblores y riesgo de convulsiones. El síndrome de abstinencia de la cocaína generalmente incluye agitación, sentimientos de desesperación, depresión, irritabilidad, etc. Con todo, la adicción psicológica puede ser extremadamente poderosa.

7

Drogas en Categorías Especiales

PCP: Fenciclidina (polvo de ángel), formaldehído, metanol, formol. La PCP fue desarrollada inicialmente como un anestésico, pero debido a sus efectos secundarios extremos que incluyen delirio, confusión y alucinaciones, actualmente sólo se aplica como un tranquilizante para los animales. Frecuentemente se la clasifica dentro de su propia clase de drogas por sus efectos singulares: una combinación de supresión, estimulación y alucinación. Es un caso clásico en las salas de emergencias urbanas el del consumidor de PCP, desnudo, sudado y psicótico que se comporta de una forma extremadamente violenta, rompe las esposas con sus propias manos y es tan desenfadado que se requieren cuatro o cinco policías para someterlo. La combinación de los efectos producidos por la PCP abarca desde una completa desorientación, agresividad violenta, alucinaciones auditivas y visuales, hasta pérdida de la percepción del dolor, sudoración extrema, etc. La PCP se ofrece en polvo o como líquido que se aplica a la marihuana, a las hojas de menta o al tabaco (cigarrillo de tabaco mojado en formol), el cual es enrollado y fumado como un porro; también puede ser fumada en pipa.

GHB: Nitro azul, azul de medianoche, somax, somatoPro. El GHB fue usado inicialmente en dosis bajas como una alternativa a los esteroides para físico-culturistas, porque se creía que aumentaba la secreción de la hormona de crecimiento de la glándula pituitaria del cerebro. Se presenta en forma de líquido o también en polvo, el que puede ser mezclado con alguna bebida alcohólica. Finalmente, se comprobó que el GHB causaba profunda depresión de conciencia, euforia e intoxicación. Es muy difundido entre los jóvenes en las fiestas "rave" y en situaciones de encuentros sexuales. Debido a su efecto seguro de depresión de conciencia con pérdida de memoria, el GHB a menudo se usa como droga para la violación en citas. En dosis bajas, el GHB causa euforia y pérdida de la inhibición. Sin embargo, aún en dosis pequeñas más altas puede producir un coma profundo, convulsiones y la muerte. Esta droga es especialmente peligrosa, porque leves aumentos en la dosis pueden causar un incremento notable de sus efectos en un lapso tan breve como de 15 minutos y la sobredosis accidental es extremadamente posible.

Ketamina: Vitamina K, K especial. Esta droga es actualmente un anestésico que se usaba comúnmente en terreno durante la guerra de Vietnam. También es un tranquilizante para gatos usado legítimamente por los veterinarios en forma líquida inyectable intravenosa. La ketamina ilícita es un polvo que es inhalado o consumido en forma de píldora. La ketamina a menudo se describe como una versión menos potente de la PCP, que es otro tranquilizante de uso veterinario más poderoso. El uso de la ketamina es popular en las fiestas "rave" junto al MDA ("speed") y el GHB. La ketamina produce un estado anestésico disociativo, por el cual el que la consume experimenta amnesia (pérdida de memoria) y analgesia (pérdida de la sensación de dolor). La droga puede producir estados de sueño y alucinaciones, así como visiones retrospectivas. La sobredosis de ketamina produce balbuceo, mareos y confusión, lo que puede avanzar hacia un paro respiratorio o cardíaco y muerte. El estado profundamente deprimido de la conciencia y la experiencia cercana de muerte que se produce sólo con 0.5 gramos de ketamina, se llama el 'Agujero K'. El uso continuado produce pérdida de la memoria de corto plazo, visión deteriorada y atención deficiente.

Óxido nitroso: Gas hilarante. Éste es un gas anestésico débil empleado mayormente en odontología.

El óxido nitroso se inhala generalmente de un globo pequeño que ha sido llenado con un tanque de alta presión chico. Estos botes (batidores) sirven normalmente para producir crema batida. También se venden al público en negocios especializados relacionados con la marihuana y otras drogas recreativas, especialmente para uso ilícito. Existen también grandes tanques a presión de óxido nitroso, que se utilizan para fiestas. Como resultado de una única inhalación profunda, los efectos intoxicantes duran entre uno y dos minutos y van desde una sensación de cosquilleo, mareos, desorientación, mirada fija, hasta sensaciones auditivas pulsantes y/o alucinaciones visuales, y un aumento de la tolerancia al dolor. El uso del óxido nitroso puede llevar a una completa pérdida del control motor y el usuario caer al piso y lastimarse. Hay personas que incluso han muerto por sofocación al inhalar óxido nítrico puro, sin que haya estado mezclado con algo de oxígeno. Pueden aparecer náuseas y vómitos, especialmente si el consumidor ha comido recientemente. La adicción es una posibilidad real y los adictos pueden experimentar cambios de humor y de personalidad. El uso prolongado puede producir daño en la médula ósea y en el sistema nervioso, debiéndose recurrir a la aplicación de inyecciones de vitamina B-12 durante varios días para ayudar a solucionar el problema.

Aspiración de pegamento: Aspirar pegamento es un término generalizado que se refiere a inhalar los vapores del pegamento de los modelos para armar aviones, de la nafta, del solvente de pintura, del fluido para encendedores o, incluso, del líquido corrector de palabras. Estos líquidos tóxicos generalmente son aplicados a una tela, luego la tela es sostenida contra la nariz y la boca y aspirada vigorosamente. Esta forma de abuso de drogas es más popular entre usuarios jóvenes de entre 9 y 15 años. Los ingredientes activos incluyen alcohol, cloroformo y tolueno (especialmente tóxico para los riñones). Los síntomas iniciales se presentan como falta de coordinación muscular, problemas de modulación al hablar, visión borrosa, alucinaciones leves, náuseas, depresión y sonidos de campanilleo en los oídos que duran entre 30 y 45 minutos. La intoxicación grave puede llevar al estado de estupor o a la inconsciencia. Estos productos químicos son verdaderos venenos. Su uso continuado inevitablemente llevará al daño cerebral, renal, hepático, toxicidad de la médula y pérdida de la visión. No se presenta dependencia física, sin embargo, con el tiempo puede desarrollarse dependencia psicológica por sus efectos eufóricos. La práctica de la inhalación de pegamento es extremadamente tóxica y daña rápida y seriamente varios órganos del cuerpo.

Nitrato de almidón: "poppers". El nitrato de almidón se usaba originalmente en el tratamiento de corta duración de la angina de pecho. Fue reemplazado por la nitroglicerina. El nitrito de almidón dilata los vasos sanguíneos causando la caída de la presión y el aumento del pulso. Es la dilatación súbita de los vasos sanguíneos en el cerebro lo que produce el efecto eufórico. El nitrato de almidón es un líquido, cuyos vapores normalmente son inhalados desde una pequeña botella para obtener el efecto deseado, generalmente durante la actividad sexual y, más frecuentemente, cuando el usuario se aproxima al orgasmo. Por alguna razón, esta práctica es más popular entre la comunidad homosexual. Ciertas reacciones adversas a corto plazo incluyen irritación de la piel y de las membranas mucosas, náuseas, dolor de cabeza, pérdida de la conciencia, arritmias cardíacas y posible muerte súbita. El uso crónico puede llevar al daño neurológico permanente, así como a la supresión del sistema inmune del cuerpo, hecho médicamente documentado, permitiendo el incremento de la reproducción viral en personas con VIH positivo.

Abuso de drogas endovenosas: Peligros Específicos

Hay riesgos específicos asociados a la inyección endovenosa de cualquiera de los diversos tipos de drogas inyectables: heroína, "speed", cocaína, Demerol (Dolantina), etc.

1. VIH: Compartir agujas con otras personas puede llevar a la transferencia accidental de pequeñas cantidades de sangre contaminada de una persona a la otra, transmitiendo el virus del VIH y del sida, requiriéndose luego de tratamiento de por vida.

2. Hepatitis B y C: Compartir agujas puede llevar a la transferencia accidental de los virus que infectan

el hígado causando la hepatitis B y C, lo que puede derivar en daño al hígado, muerte o volverse un portador de por vida, además de exponerse a un mayor riesgo de cáncer hepático.

3. Endocarditis Infecciosa: El uso de agujas sin la desinfección adecuada de la piel puede causar la introducción accidental de bacterias en el torrente sanguíneo que atacan preferentemente las válvulas cardíacas y el endometrio del corazón, causando endocarditis infecciosa. Este caso requiere de hospitalización prolongada y antibióticos endovenosos durante un lapso de entre cuatro a seis semanas.

4. Celulitis Infecciosa: El uso de agujas sin la desinfección adecuada de la piel puede causar también infecciones en los tejidos blandos de los brazos, piernas u otras partes del cuerpo en los que se ha inyectado. Estas infecciones llamadas celulitis requieren de una terapia prolongada a base de antibióticos, ya sea en forma ambulatoria u hospitalaria.

5. Abscesos locales y cicatrices: El uso de agujas sin la desinfección adecuada de la piel suele producir acumulación local de pus o abscesos, que deben ser abiertos, curados y tratados con antibióticos, lo cual puede ser bastante doloroso y tener como secuela múltiples cicatrices.

6. Esclerosis venosa (endurecimiento): Las inyecciones repetidas en la misma vena causan endurecimiento

y estrechez de la misma, haciendo que las venas se vuelvan inútiles. Los adictos crónicos pueden agotar sus lugares de inyección disponibles (brazos, piernas, manos, pies y hasta el cuello), haciendo difícil el acceso endovenoso cuando aparezcan verdaderas emergencias médicas. Estas venas con cicatrices se llaman "tracks" en EE.UU.

Debido a estos serios riesgos adicionales asociados a las inyecciones, es aconsejable que los usuarios de drogas endovenosas desinfecten prolijamente sus agujas con lavandina o cloro antes y después de cada uso y que nunca las compartan con otra persona.

Personas de Diagnóstico Doble

Las personas que sufren de un empleo abusivo de drogas y alcohol, así como de otros desórdenes psicológicos (como desorden obsesivo-compulsivo, desorden bipolar, depresión, psicosis, etc.), entran en una categoría llamada Diagnóstico Doble. Estas personas requieren definitivamente de cuidado psiquiátrico (el que, por lo general, implica medicación psiquiátrica, hospitalizaciones y psicoterapia) tanto para el tratamiento de su desorden psicológico como para la rehabilitación intensiva del abuso de substancias. Dentro de este tipo de pacientes, ninguno de los problemas subyacentes puede ser corregido fácilmente sin el tratamiento simultáneo de ambos desórdenes. Ésta puede ser una situación especialmente difícil de recuperarse.

Abuso de drogas o alcohol durante el embarazo

El consumo crónico de alcohol durante el embarazo puede llevar a una serie de defectos de nacimiento característicos, llamado síndrome fetal del alcohol, que conlleva bajo peso al nacer, retardo mental, así como defectos estructurales de la cara y el corazón.

Aparte de los defectos de nacimiento característicos que pueden ser causados por el consumo de alcohol durante el embarazo, el abuso de opiáceos y cocaína (en particular), así como de "speed" y algunas otras drogas, suele llevar al nacimiento de "bebés adictos".

El abuso de drogas durante el embarazo hace que el feto se desarrolle en un entorno bioquímico donde la droga en cuestión está presente frecuentemente en su torrente sanguíneo. Luego del nacimiento, se le corta al bebé la provisión de sangre que contiene las drogas adictivas y el bebé entra en abstinencia fisiológica, lo que incluye dificultades en la respiración, temblor, mala alimentación, fallas de crecimiento, diarreas, vómitos y, a menudo, la muerte.

8

Alcohol

A través del uso abusivo del alcohol, la gente puede destruir los ritmos naturales de su conciencia de la misma manera que con las drogas, aunque en un proceso un tanto diferente. A diferencia de las anfetaminas o la cocaína, que alteran la conciencia al mejorar la transmisión, la liberación y las actividades de los neurotransmisores a lo largo de las sinapsis, el alcohol *sensibiliza* las neuronas del cuerpo a los efectos inhibitorios de ciertos neurotransmisores especializados que detienen y eventualmente cortan la transmisión de los impulsos nerviosos entre los nervios. El alcohol también aumenta directamente la liberación de endorfinas (que ligan y estimulan los receptores opiáceos) y de dopamina (un neurotransmisor que induce placer) en el sistema nervioso central.

Dado que los centros cerebrales superiores (responsables de la aplicación de los controles aprendidos sobre los comportamientos instintivos y de la toma de decisiones, etc.) son los más sensibles, la intoxicación etílica afecta, en primera instancia, los mecanismos normales de inhibición conductual y la habilidad normal de tomar decisiones adecuadas. El uso continuado de alcohol lleva a la pérdida de la coordinación muscular y finalmente al desvanecimiento.

El alcohol estimula la sangre y dilata los vasos sanguíneos. Entonces, a medida que alcanza los capilares, es como verter alcohol directamente en tu sangre, haciendo que los capilares se contraigan. Esa constricción corta la energía nerviosa y el flujo de oxígeno hacia la parte frontal del cerebro, dejando activa sólo la parte posterior del cerebro, que es la parte reactiva. Entonces, piensas que todo está realmente bien, pero la habilidad de pensamiento ha quedado reducida a un mínimo; llegado a este punto, también comienzas a balbucear un poco.

Los vasos sanguíneos que abastecen al cerebro suben por la arteria carótida. La extensión máxima de ésta alcanza a las zonas que controlan las áreas más altamente desarrolladas de sensibilidad y de coordinación muscular. El alcohol inhibe la transmisión del impulso sináptico; el cerebro comienza, entonces, a cerrarse desde adelante hacia atrás. La primera parte en adormecerse será, generalmente, el área que controla la visión, seguida por los centros del habla y, luego, el área que controla las extremidades (manos y pies). A medida que la constricción avanza, comienza a adormecerse el área intestinal, los riñones y otras funciones centrales del cuerpo. Se inutiliza el control sobre estas funciones, deshabilitándose una por una.

El alcohol anula el área del *pensamiento,* como lo hacen la marihuana, el LSD y otros estupefacientes; a continuación, pierde el control el área *reactiva.* Al volverse dominante la parte reactiva del cerebro, las personas a veces se vuelven beligerantes y buscan la confrontación. No se puede razonar con ellas. Podrían agredirte y tú dirías: "¡Oye! Si soy tu amigo", y el otro contestar: "Y a mí qué me importa, te voy a dar otro golpe", porque no está pensando claramente.

A continuación, por lo general se excitan sexualmente porque la mente pensante y los inhibidores están anulados, incluyendo la parte que normalmente diría: "Ten cuidado amigo, hay peligro por aquí". No les importa. Si siguen bebiendo, el área sexual se anula. Entonces, desaparece toda dirección. Éstos podrían ser los efectos luego de tomar cinco o seis tragos de medio vaso de licor de un alto porcentaje etílico durante un período de una hora y media a dos. Luego, la médula oblonga en la porción baja del tronco encefálico se cierra del cuello hacia abajo. A partir de ahí, no hay más que una secuencia de reacciones espinales. Para entonces, la persona embriagada no puede ni siquiera caminar. El corazón y la respiración funcionan, todo lo demás está "muerto". Hay muy poca circulación en el cerebro.

Si una persona bebe en exceso por un período largo de tiempo, pueden verse afectados la glándula pituitaria y el tálamo, zonas que, por lo general, están fuertemente protegidas. Entonces, los órganos comienzan a colapsar uno tras otro. El primer órgano afectado, normalmente será el hígado. El daño al hígado, incluyendo infiltración de grasa, hepatitis alcohólica, aumento de tamaño, cicatrices y finalmente cirrosis, junto con la gastritis alcohólica (irritación y cicatrices) y la gastritis sangrante de la mucosa del estómago, son consecuencias clásicas del abuso crónico de alcohol, así como el aumento de tamaño del corazón y el daño cerebral. Cuando esto comienza, es el principio del fin. Si la persona va a un médico y éste le dice que tiene cirrosis, puede ser un gran despertador. Mas, para ese entonces, ya podría haber daño permanente.

Muchos alcohólicos pueden requerir de un transplante de hígado en la fase final. Se presenta aquí, empero, una cuestión ética interesante, de si corresponde realmente "desperdiciar" en un alcohólico un hígado donado (quien probablemente a la postre destruirá el órgano donado también) en lugar de darle estos preciosos órganos a personas no adictas.

La expresión del alcoholismo es compleja, incluyendo a los alcohólicos funcionales que pueden beber casi diariamente, pero nunca hasta el punto de disminuir su rendimiento en su trabajo. Pueden transcurrir años hasta que estas personas se enfrenten a las consecuencias médicas de su adicción (daño hepático, gastritis sangrante, etc.). Hay alcohólicos periódicos o bebedores que beben hasta emborracharse y que pueden beber en exceso sólo en ciertas ocasiones, con frecuencias que van desde fines de semana hasta una vez al mes, o una vez cada seis meses, etc. Los bebedores que pierden el conocimiento no tienen ningún control sobre su ingesta de alcohol e invariablemente beben hasta perder el sentido completamente y no recuerdan dónde estuvieron o lo que hicieron. Los alcohólicos diarios son los clásicos alcohólicos que beben todos los días y huelen a alcohol en el trabajo de mañana o en cualquier momento.

La abstinencia del abuso crónico de alcohol también puede ser peligrosa. El Delirium Tremens se refiere a la psicosis y a los ataques asociados a una abstinencia súbita del abuso crónico del alcohol. Estos ataques pueden ser violentos y potencialmente letales. En estos casos, es aceptable el uso terapéutico de benzodiazepinas por un periodo corto (Valium, Lorazepam) para prevenir los ataques característicos asociados a las dos primeras semanas de terapia de desintoxicación.

En la introducción a este libro se expuso que, además de estar predispuestos de muchas maneras al alcoholismo, lo cual supone presión de grupo, rasgos específicos de personalidad, estrés o un sendero karmático, los alcohólicos son genética y

bioquímicamente diferentes a las personas normales. Los alcohólicos metabolizan el alcohol a través
de reacciones químicas secundarias completamente
diferentes a la mayoría de la gente, produciendo entre
otras cosas 'TIQQ', lo que les da una sensación de
euforia parecida al opio y que no es experimentada
por los consumidores comunes de alcohol.

La rehabilitación del alcohólico es de alguna manera
mucho más difícil que la rehabilitación de drogadictos
que usan drogas ilícitas callejeras, ya que el primero
tiene que enfrentar la publicidad y el uso aceptado
socialmente de esta droga de elección (el alcohol) casi
a diario. En cambio, el adicto al 'crack', por ejemplo,
nunca encontrará negocios de venta de 'crack' o avisos
por televisión, o verá hileras de 'crack' en venta en
su almacén, mientras está de compras. Tampoco le
ocurrirá que casualmente le ofrezcan 'crack' mientras
está cenando afuera; los alcohólicos, en cambio, están
rodeados por una cultura que promueve el uso del
alcohol como parte normal de la vida diaria.

La diferencia entre el alcohol y las drogas para la
conciencia humana es casi la misma que la diferencia
entre una pistola calibre 38 y una pistola calibre 45.
Ambas pueden ser letales.

Así como las otras drogas, el alcohol también afecta
el aura o campo de energía electromagnética alrededor de tu cuerpo. Estos efectos pueden durar por un
tiempo muy prolongado, pero pueden ser clarificados
con técnicas como el balance de aura, descrita al final
de este libro. Hemos visto gente que habiendo bebido

hace muchos años alguna vez cerveza o vino con sus amigos, aún tienen los efectos adheridos a su aura y recurren a nosotros para solicitar un balance de la misma. Si estás listo para emprender las aventuras mayores del Espíritu, te recomendamos que te hagas los balances de aura para clarificarte de los efectos del alcohol y otras drogas.

Consumir alcohol es una manera de abandonar tu responsabilidad para con tu propia conciencia. Uno de los efectos secundarios menos conocidos es que, tan pronto como sientes que "te dejas ir" o sueltas tu cuerpo y tu mente, también te estás abriendo a influencias psíquicas que podrías no disfrutar. Emborracharte es una manera de decir: "Yo no quiero ser responsable ahora de mis pensamientos o mis acciones. Me estoy tomando un descanso". Mientras estás "de vacaciones" has dejado tu "casa" abierta a lo que nosotros llamamos entidades desencarnadas. Ellas pueden entrar legalmente y comenzar a influenciarte de acuerdo a *sus* deseos en vez de a los tuyos. Generalmente, la razón de que estos seres se mantengan cerca de la tierra buscando un cuerpo para poseer, es que ellos están profundamente ligados a algo de esta tierra: alcohol, sexo u otros deseos intensos. Una vez que caes bajo la influencia de una entidad desencarnada, podrías encontrarte asumiendo patrones que previamente no eran parte de tu funcionamiento normal. Es bien sabido que una manera de saber si la gente está tomando drogas o bebiendo mucho alcohol, es que su personalidad e intereses parecen cambiar. A menudo, esto se debe a la influencia de entidades que se posesionan de ellos y que están ejerciendo su influencia.

Tanto el vino tinto como el blanco son bebidas sociales muy populares. Una cultura y una tradición enteras han sido construidas alrededor de ellos y mucha gente disfruta una copa o dos con bastante frecuencia. El vino tinto, en particular, parece tener muchas entidades asociadas a él, las que simplemente esperan la ocasión para introducirse en la gente que lo bebe.

Estas influencias negativas pueden ser clarificadas. Normalmente se necesita una combinación de asistencia espiritual y, más que nada, el que tú estés dispuesto a soltarlas. Lo consigues cimentando tu fuerza personal interna, realizando mejores elecciones para ti mediante la práctica espiritual y abandonando aquellas conductas como beber o tomar drogas, que permiten que tu conciencia quede expuesta a influencias negativas.

Esta información no pretende infundirte miedo, sino que es para educarte. Tú mismo debes decidir lo que funciona *para* ti. Como siempre, verifica las cosas por ti mismo. Hazte buenas preguntas, luego escucha y observa bien para obtener las repuestas que buscas. ¿Por qué bebes? ¿Cuáles son las desventajas? ¿De qué manera se ven afectados tus relaciones, tu trabajo, tus intereses? ¿Hay mejores maneras de obtener lo que realmente quieres, sin lastimarte o lastimar a otros? Hazle un seguimiento a tus experiencias y echa una buena mirada a lo que sucede contigo. De esa manera, estarás aprendiendo y creciendo.

9

Haciendo Elecciones Sabias

Éste es el planeta de la espada. Una espada posee dos bordes afilados: uno es positivo y sirve para modelar algo hermoso y el otro es negativo y sirve para destruir. Debes estar abierto y aceptar, lo que también significa que debes *seleccionar* las cosas en las que participas. Si te resistes, te quedas estancado. Jesús dijo: "No te resistas al mal". Cuando te resistes, la negatividad tiene algo de lo cual engancharse. Cuando aceptas y dejas que las cosas fluyan, la negatividad simplemente sigue de largo.

Este proceso funciona de varias maneras con las drogas. Tus elecciones sobre las drogas presuponen con quién eliges pasar tu tiempo. Si pasas mucho tiempo con gente que se entrega a las drogas, corres el peligro de atraer esos patrones a tu aura, aunque tú no estés consumiéndolas. A medida que esos patrones penetran tu campo áurico, comienzan a influenciarte; entonces, puedes caer dentro de patrones de uso de droga y comenzar a consumirlas. Si no deseas involucrarte con las drogas, lo mejor es alejarte de los lugares donde se usan y de la gente que las consume.

Hemos estado describiendo los efectos de la droga en el cuerpo y en varios niveles de conciencia. Hablemos ahora sobre otro nivel de conciencia. Hay un nivel mayor, una fuente de donde provienen todas las personas. Nosotros llamamos a esta fuente Dios o Espíritu. Todo ser humano está conectado a esta fuente y es parte de ella. A la parte nuestra que está conectada al Espíritu la llamamos el Alma; cada persona tiene una. A la energía que fluye de Dios, de la fuente, nosotros la llamamos la Luz.

En el Alma y en los reinos superiores del Espíritu, esta Luz es invisible. Pero también fluye a través de cada nivel de nuestra conciencia en este mundo. Es lo que nos conmueve cuando leemos u oímos la verdad (la mente), cuando nos sentimos felices, alegres y elevados (las emociones) y cuando nos llenamos de energía por medio de las cosas buenas que hacemos (el cuerpo). A la larga, es nuestro ser superior (véase Capítulo 1) el que sabe qué es lo mejor para nosotros y nos impulsa hacia las elecciones superiores y mejores. Aunque nuestro ser básico puede quedar fácilmente atrapado en hábitos, suele ser más feliz cuando vivimos de una manera que nos mantiene sanos y bien, ya que su tarea es cuidar del cuerpo. Son muchos los procesos por los que estamos atravesando concomitantemente.

Este mundo es una escuela destinada a fortalecernos y a ayudarnos a aprender a hacer elecciones sabias. Estamos siendo puestos a prueba todo el tiempo. ¿Cuál es el premio? Uno que es sorprendente, ya que pareciera no tener demasiado valor en el mundo, sin embargo, no hay nada más grande que eso: la toma de conciencia de nosotros mismos como un Alma que está teniendo experiencias en este mundo, aprendiendo, creciendo y, en última instancia, volviendo a nuestro hogar en el Espíritu.

Hubo una vez un joven que tenía un gran potencial. Se le había enseñado sobre la Luz y la acción de la Luz y pudo haberse orientado hacia una expresión de la conciencia de Luz. Pero también asistió a muchas fiestas con sus amigos donde se consumía marihuana. Se le advirtió sobre la acción de las drogas, pero su reacción fue: "Yo sólo me meto en el grupo y les envío la Luz y el amor a todos ellos, así es que no corro peligro".

Se le explicó que podría ser absorbido totalmente por la droga porque ése era un camino kármico potencial para él. Se encontraba en un momento de elección, entre aceptarlo e ir por ese camino, o alejarse de esa posibilidad. Tenía el conocimiento y la habilidad para elegir otra vía. Como él respondió que no quería abandonar a sus amigos, la recomendación fue: "Consigue nuevos amigos".

Resultó que él era un Alma libre, que nadie controlaba su vida. Ahora está tan atado a los narcóticos, que su mente se ha deteriorado en gran medida. Cuando se le habla sobre algo, él se va por las ramas. Tratas de regresarlo al tema y pareciera que vuelve, pero se desvía nuevamente. Su mente sigue lo que es un patrón lógico para él, pero él no sabe que su boca no lo expresa así. Y él piensa que *tú* eres el raro, porque no puedes seguirlo. Éste es uno de esos casos en donde cada uno tiene derecho a destruirse de la forma que elija. Y él tiene la responsabilidad de atravesar la acción completa. El problema es que no hay fundamento para la iluminación espiritual en las ilusiones relacionadas con las drogas.

Hay un viejo refrán que se puede aplicar al uso de las drogas: "La primera vez, un filósofo; la segunda, un adicto". Podrías probar las drogas una vez solamente, pero no es necesario probarlo todo. Si has visto a alguien poner su mano sobre un horno caliente y quemarse, tú no lo harías. Sabrías que tú también te vas a quemar. Pues algunas personas no lo creen; tienen que tocar el horno ellas mismas y sacar por conclusión: "¡Ay! Esto está caliente". Después de ver que cuatro o cinco docenas de personas lo han experimentado, ellas podrían decir: "Saben, parece que hay algo de cierto en esto". Algunas personas son lo suficientemente inteligentes como para mirar las experiencias de otros y aprender de ellas. Lo llamamos aprendizaje indirecto, y ésa es la manera en que nos convertimos en grandes estudiantes.

Si juzgas a aquellos que están involucrados en las drogas, encadenas parte de tu energía en ese juicio y no eres libre para asumir la expresión que te es propia plenamente. No debemos juzgar a aquellos que están involucrados en las drogas, pero podemos ayudarles a alejarse de esas experiencias inducidas por los narcóticos.

10

Programas de Rehabilitación

Tipos de Programas de Rehabilitación

Estadísticamente, mucho menos de la mitad de los adictos llega a mantener la sobriedad a largo plazo. Hay varios servicios disponibles para los adictos y los alcohólicos que van desde programas de Alcohólicos Anónimos hasta programas de rehabilitación ambulatorios, programas de rehabilitación con internación, hogares de recuperación y rehabilitación a cargo de uno mismo.

Programa de Alcohólicos Anónimos

El programa de AA tiene varias formas. AA para alcohólicos, AC para los adictos a la cocaína, AN para los adictos a los narcóticos, AS para los adictos al sexo y GA (gordos anónimos) para los adictos a comer demasiado. La base subyacente a todas estas adicciones es aproximadamente la misma. Estadísticamente, el programa de AA es un programa de rehabilitación muy exitoso. El enfoque de AA comprende la admisión y la aceptación personal de la debilidad frente a las drogas y al alcohol, el concurrir regularmente a las reuniones de AA, donde uno oye las historias inspiradoras de adictos recuperados exitosamente, la aceptación de un poder superior capaz de sacar al adicto de su adicción, la voluntad de mantener una relación cercana personal y no sexual con un padrino (un adicto exitosamente recuperado con por lo menos dos años seguidos de sobriedad, con quien te conectas), el deseo de seguir las directivas de ese padrino y el completar sistemática y regularmente 12 pasos, los cuales significan para el adicto, pasar por varios procesos. Por ejemplo, el adicto recuperado podría hacer una lista de todas las personas a quienes ha dañado, enmendando personalmente lo que sea posible, y enfrentarse a situaciones personales subyacentes que son a menudo la base de la adicción (abuso infantil, odio a sí mismo, baja autoestima, etc.). AA es fácilmente localizable simplemente con llamar a Informaciones en tu ciudad, hay reuniones con regularidad distribuidas ampliamente a lo largo de todo el país, especialmente en centros urbanos.

Es importante, sobre todo en las primeras fases de la recuperación, darte cuenta de que no estás solo y de reemplazar la antigua red de adictos practicantes e incitadores, por un nuevo grupo de contactos y una red de apoyo de gente en recuperación. Alcohólicos Anónimos ha publicado dos libros de texto ampliamente aceptados sobre la recuperación: *El Gran Libro para los Alcohólicos Anónimos y Los 12 pasos de Alcohólicos Anónimos.*

Rehabilitación Ambulatoria

Muchos programas de rehabilitación de residentes ofrecen sesiones regulares, abiertas a adictos externos que no residen en el lugar. Es extremadamente beneficioso asistir a estas sesiones, porque permiten la exposición a los más intensos procesos y ejercicios utilizados por las instituciones de residentes, así como la obtención de servicios de profesionales de la salud entrenados, que se especializan en la adicción (a menudo ellos son los que dan charlas), sin tener que incurrir en el gasto y la inconveniencia de un tratamiento para internos.

Rehabilitación con Internación

Para aquellos que pueden pagarlo y aquellos que han sido enviados allí por un juez, la rehabilitación con internación ofrece una estructura inmediata personalizada y una completa inmersión en un estilo de vida centrado en la recuperación las 24 horas del día, sin distracciones externas. Estos programas generalmente duran de uno a tres meses inicialmente.

Sin embargo, para los reincidentes referidos por una corte o para la gente con adicciones especialmente difíciles, el tratamiento con internación puede durar incluso de diez meses a un año.

El número total de internos en una institución asciende por lo general a alrededor de 30. Un día típico consiste en: despertarse alrededor de las siete de la mañana; luego del aseo personal, de hacer la cama y dar un paseo, sigue el desayuno alrededor de las nueve de la mañana; se continúa con reuniones internas, presentaciones educativas en la mañana (incluyendo videos o conferencias dadas por profesionales), almuerzo. A media tarde, reunión de AA o una clase de ejercicios físicos o reuniones abiertas, disponibles para adictos externos, y a última hora, períodos de estudio consistentes en lectura de material relacionado con la recuperación (*El Gran Libro* o *El Libro de los 12 pasos de AA*), sesiones de consultoría psicológica y cumplimiento de tareas. Cena y concurrencia supervisada a reuniones externas de AA, que generalmente se realizan de noche, seguido de una sesión de grupo y finalmente de una sesión grupal de discusión interna, antes de que se apaguen las luces alrededor de las once de la noche. Para los fines de semana, generalmente se planifican otras tareas de limpieza y mantenimiento de las instalaciones que se asignan a cada participante. También las visitas de familiares son aceptadas. Los análisis de orina al azar son generalmente realizados en los centros de rehabilitación para internos, con el fin de asegurar la abstinencia.

Hogares de Recuperación

Para completar un programa de rehabilitación para internos, el participante es a menudo enviado a un hogar de recuperación. Éstos son hogares para grupos de alrededor de 10 a 15 personas, en los que las personas en proceso de recuperación viven un tipo de vida parcialmente supervisada, teniendo a su disposición cama y comida, mientras salen durante el día para buscar trabajo o realizar el que ya tienen. Hay un toque de queda generalmente alrededor de las 18:30 de la tarde y el participante tiene que estar de vuelta para la cena. Luego, debe participar en una reunión de AA interna. La permanencia en un hogar de recuperación puede durar desde unos meses hasta uno o dos años.

Ejercicio físico

Está científicamente comprobado que el ejercicio físico regular y riguroso ayuda durante la recuperación de la adicción. Los efectos cardiovasculares aceleran la desintoxicación del cuerpo y la eliminación de subproductos acumulados del metabolismo de las drogas. El ejercicio ofrece una actividad alternativa al comportamiento adictivo estructurada y gratificante y produce directamente una sensación de bienestar natural gracias a las endorfinas.

Es importante intervenir tan pronto como sea posible en el proceso de adicción de un individuo.

La dificultad estriba en determinar quién es adicto y quién no. No existe una prueba simple. Exactamente el mismo uso social de marihuana puede no ser un comportamiento adictivo para algunos individuos, al tiempo que puede llevar a una completa adicción a otros. Exactamente la misma cantidad de alcohol por semana puede estar bien para una persona, pero ser la señal de una profunda adicción para otra.

El simple uso recreativo de las drogas más poderosas sin que se produzca una progresión hacia la adicción es poco frecuente (aunque se da) y ésta es una de las razones, por las cuales el uso de las drogas más poderosas está, o bien estrictamente controlado o directamente prohibido. Una buena prueba recomendada en los círculos de recuperación es que la persona deje de consumir voluntariamente su droga de elección por un mes más o menos, y que verifique frecuentemente los cambios de personalidad, sus niveles de estrés, su ansiedad, irritabilidad y alteraciones en los patrones del sueño. La presencia de algunos de estos síntomas a menudo indica adicción, ya sea francamente desarrollada o en progreso.

El reconocimiento y la admisión de la adicción en uno mismo es el paso más difícil para el adicto en recuperación. El progreso de la adicción es un proceso tortuoso e hipnótico. Es un hecho de conocimiento general que el adicto/alcohólico niegue su condición totalmente.

En su mayoría, los adictos han estado viviendo sumergidos en patrones profundos de adicción mucho antes de que consideren que su comportamiento es anormal. Los amigos, los seres queridos, los miembros de la familia y los compañeros de trabajo, y muchas veces hasta la policía, son los que generalmente dan las primeras señales para llamar la atención del adicto. Una intervención cariñosa ejercida tempranamente es importante para prevenir el progreso de la enfermedad de la adicción y minimizar la destrucción devastadora que puede causar en la vida de la persona, en su salud, su carrera y su desarrollo personal.

La información y la educación relacionada con las adicciones son de primordial importancia. Es sólo relativamente reciente que la adicción a las drogas ha sido encarada y estudiada científicamente, sin prejuicios, como un proceso de enfermedad en vez de un defecto del carácter o una falla moral. En verdad, la mayor parte de la comunidad médica todavía no tiene mucha claridad con respecto a desarrollos recientes en la comprensión de los componentes bioquímicos y genéticos de la adicción.

Uno de los propósitos de este libro es informarte sobre esos desarrollos y brindarte información útil para protegerte y asistirte o para que puedas ayudar a otros que pudieran haber caído en un patrón de adicción. Información más detallada se encuentra disponible por Internet y en libros de texto de medicina o puede ser obtenida llamando a las instituciones de rehabilitación en los hospitales que se hallan en las páginas amarillas.

Al observar las opciones disponibles, puede ser útil considerar la recuperación de las adicciones como un proceso de toda la vida, que requiere de parte del "recuperado" una intención sostenida. La enfermedad no se cura necesariamente como la bronquitis o una infección. Es más parecida a una enfermedad crónica que debe ser tratada día a día, como la presión alta o la diabetes.

La persona recuperada se beneficiará con mucho si se dedica consecuentemente a actividades con sentido, mantiene relaciones positivas y desarrolla un interés espiritual. Muchas personas recuperadas visualizan su sobriedad como un don, un regalo de la Gracia, un indulto otorgado por Dios. La sobriedad debe ser nutrida, ejercitada y perseguida activamente a diario.

11

Ejercicios Espirituales:
Una Alternativa a las Drogas

La Luz

Mucha gente siente que las prácticas espirituales les brindan lo que están buscando y satisfacen el deseo de "volar", de experimentar algo mayor, más elevado, más amoroso, más expansivo que lo que la vida diaria parece ofrecer. A través del Espíritu, viajas a través de mundos internos de una manera más plena y con mejor control y protección de lo que las drogas te ofrecen. Trabajas para expandir tu mente y tu conciencia. Sabes hacia dónde vas, cómo llegar allí de una manera predecible y cómo regresar en cualquier momento que tú quieras. Las prácticas espirituales son un camino ascendente y aportan continuamente resultados más maravillosos.

Cuando trabajas para expandir tu conciencia a través del Espíritu Santo, el Espíritu entra en la zona de los nervios, fortaleciendo el envoltorio de los nervios para que puedas contener un "voltaje más alto". Tu sistema nervioso será capaz de contener más poder. El Espíritu Santo entra en un receptor, que podría ser la mente o tal vez el chakra del Alma, que está localizado en la corona de la cabeza. El Espíritu se hace presente inundándote de amor y la zona de los nervios se inunda mediante un proceso hormonal diferente. Entonces, te encuentras en un estado de fluidez, te elevas y te sientes maravillosamente bien. El calor que te atraviesa puede ser tan tremendo que dirás: "Esto es mejor". Estás "viajando" literalmente, sólo que bajo estricto autocontrol.

Cuando le pides a la Luz que se retire, ésta se eleva nuevamente dejando una impronta, de manera que la próxima vez que pidas al Espíritu que venga, éste pasará a través de tu cuerpo más fácilmente. El canal ya está ahí. A medida que te haces más fuerte, puedes contener mayores energías de la Luz. La Luz entrará y te rodeará, y si estás fuera de equilibrio, accederá a zonas específicas para que recuperes el equilibrio.

El día en que los campos de fuerza paramagnética del cuerpo estén alineados, la Luz atravesará el cuerpo y, entonces, tú *serás* la Luz. Puede tardar un poco, pero cuando la Luz te ha atravesado, la separación ya no existe.

A medida que continúas expandiendo tu canal, permitiendo que la Luz te atraviese, ésta fluye a través de tus terminaciones nerviosas, tus ojos, tu boca, la punta de tus dedos y por tu sangre. Mientras está fluyendo, tu fortaleza física, moral, mental y espiritual aumenta.

Esto le sucede a cada uno de ustedes, a medida que logran el equilibrio en cada área de sus vidas. A través de la acción del Espíritu Santo, puedes hacer un puente sobre las sinapsis nerviosas y recibir tu nacimiento espiritual, tu conocimiento espiritual. Puedes despegar y elevarte espiritualmente. Al volver a tu conciencia cotidiana, el Espíritu está presente y filtra las cosas que no necesitas, rechazando automáticamente aquello que no es para ti. Cuando integras al Espíritu Santo en tu vida, puedes incrementar las funciones corporales, lo que te permite establecer un arco sobre los nervios y disfrutar de todo esto en el entorno tan protegido del Espíritu.

Ejercicios Espirituales

La gente medita por muchas razones, incluyendo el calmar las emociones, aquietar la mente, liberarse del estrés y experimentar un mayor sentido de bienestar. La mayoría de las técnicas que se utilizan son pasivas, ya que con ellas intentas mantener tu cuerpo y tu mente quietos. Ésto es prácticamente imposible de hacer. Te estamos dando otro enfoque sobre la meditación, que la cambia de ser una técnica pasiva de *vaciar* tu mente, a un proceso activo de *dirigir* tu conciencia. Por eso, hablamos de *ejercicios espirituales*. Le estarás dando a tu mente algo que hacer y el enfoque es espiritual.

Cuando haces ejercicios espirituales, comienzas a tratar con el Alma, otro nivel de conciencia más allá de la mente, del cuerpo, de las emociones y del inconsciente. Definimos al Alma como una unidad de energía dinámica y creativa, viva en el más verdadero sentido de la palabra. Es una parte de toda persona. Nunca muere, existe siempre, es eterna. Un aspecto de practicar los ejercicios espirituales es tomar conciencia de que eres un Alma, de que eres divino y, que por ser un Alma, eres una extensión de Dios. El Alma es una chispa Divina, tu conexión eternamente presente con Dios. Los otros niveles de conciencia, tu cuerpo, tu mente, tus emociones, tu inconsciente, etc., no son tu esencia verdadera. Son vehículos para experimentar y aprender.

Debido a que el Alma está viva y es dinámica, debes moverte y ser activo para conocerla. Los ejercicios que te facilitamos son técnicas de entonación de los nombres sagrados de Dios. Además de darle a tu mente algo que hacer, ello te conecta a una energía elevadora. Algunos ejercicios espirituales trabajan con una parte específica de tu conciencia, todos los ejercicios espirituales te elevan hacia estados de conciencia más elevados, más sutiles y más refinados. Al principio, puedes estar más consciente (y conocer mejor) los niveles de tu conciencia que son parte de tu existencia en este mundo: tu mente, tus emociones y tu imaginación. Los ejercicios espirituales pueden romper las ilusiones de este mundo y conectarte con la conciencia de niveles superiores del Alma y del Espíritu.

Es importante combinar cualquier técnica de ejercicios espirituales que estés haciendo con el poder positivo y la protección de la Luz. Las energías que están presentes durante los ejercicios espirituales son sutiles pero poderosas. Si quieres tener éxito, es esencial que pidas al poder de la Luz que trabaje contigo *para el bien mayor* durante tu meditación. Comienza cada meditación con una simple plegaria, pidiendo que la Luz te rodee, te proteja y te llene; que cualquier negatividad sea eliminada, clarificada y dispersada en la Luz y que todo lo que suceda durante esta meditación sea para el bien mayor. Pedir esto en la pureza y sinceridad de tu propio corazón será tu seguro para que tu meditación sirva para tu elevación y tu crecimiento espiritual.

Para comenzar cualquier sesión de ejercicios espirituales, elige un momento y un lugar donde no serás interrumpido. Si tienes sed, bebe agua. Si tienes hambre, consigue algo de comer. Ten una frazada disponible por si la necesitas. Usa ropa que sea cómoda y que no te moleste. En otras palabras, cuídate de posibles distracciones para que te puedas relajar y enfocar.

Toma unos minutos para estirarte y respirar profundamente. Esto puede ayudarte a eliminar las tensiones de tu cuerpo, tu mente y tus emociones. Siéntate cómodamente, pero no tanto como para quedarte dormido. Cierra los ojos y deja que tu cuerpo se relaje. Dite a ti mismo que los ruidos u otras distracciones, simplemente te ayudarán a relajarte más profundamente y a elevarte más alto en tu conciencia.

Parte pidiendo la Luz, como fue descrito antes. Entonces, comienza a cantar ya sea en silencio o en voz alta. Elige uno de los tonos o nombres de Dios, descritos más abajo.

Cuando termines, es conveniente que te conectes a tierra para no andar volado. Hay un par de buenas maneras para hacer esto. Puedes tomar agua y estirarte un poco. Generalmente, tomarás una inspiración profunda cuando te estires, lo que también ayuda.

Otra técnica es entonar en silencio o en voz alta el sonido "i". Empezando en voz muy baja, diciendo una larga y sostenida "iiiiiiiiiiiiii", formando el sonido con el tono más bajo y llevándolo al más alto que puedas, para luego otra vez volverlo a bajar. Mientras lo haces, imagina que el sonido comienza en tus pies, subiendo a través de tu cuerpo hasta un punto de aproximadamente 30 centímetros por sobre tu cabeza cuando alcances el tono más alto, luego bájalo hasta los pies, a medida que bajes el tono. Puedes hacer esto de pie. Suavemente, alcanza con tus brazos la punta de los pies y comienzas diciendo la "iiiii" en el tono bajo, luego gradualmente súbelos sobre tu cabeza con el tono alto y de nuevo bájalos hasta la punta de los pies con el tono bajo. Sólo lleva unos segundos.

Repítelo un par de veces y te sorprenderás de cómo te sientes integrado otra vez, equilibrado, centrado y listo para seguir adelante.

Los tonos sagrados

La energía de la palabra hablada es descrita en la Biblia como el poder detrás de la Creación: "Dios profirió la palabra y se hizo la Luz". Hay palabras que llamamos tonos, que son nombres de Dios y nos conectan con la fuente. Estos tonos son extremadamente poderosos, aunque pueden ser sutiles.

Cantar un nombre de Dios, ya sea en silencio o en voz alta, invoca una esencia espiritual y puede elevar la frecuencia del cuerpo físico y proporcionarte una sensación de elevación. A continuación vamos a introducir dos tonos sagrados, describiendo la energía que poseen y la manera de cantarlos. Hay muchos tonos, palabras, mantras o nombres de Dios que contienen en sí diferentes energías. Algunos son de niveles inferiores. Los tonos que proponemos aquí pertenecen a los reinos puros del Alma o incluso superiores. Al cantarlos, atraes a tu interior la esencia de la pureza, la que comienza a reemplazar a la negatividad dentro de ti. En tu conciencia ocurrirán los cambios. Si eres sincero al tener al Espíritu como una realidad en tu vida, prueba de entonar entre quince y treinta minutos por día. La práctica regular puede producir cambios notables.

HU (JIÚ)

El "Hu" (pronunciado "jiú") refleja un nombre antiguo de Dios. Invoca la pureza de ese Dios perfecto. Puede ser cantado de varias maneras. Una es separándolo en sus sílabas: "JI" y "U" y cantando el "JI" largo, y luego cambiando a la "U". Si lo estás cantando en voz alta, toma una inhalación profunda y al exhalar, canta "JI.......U...". Si lo cantas en silencio, podrías entonar el "JI..." al inspirar y el "U..." al exhalar. Otra manera de hacerlo es pronunciar el "JIÚ" como una sílaba y cantarla al exhalar.

Luego de pedir la Luz para el bien mayor, una manera muy efectiva de sintonizarse es realizando algunas respiraciones profundas antes de empezar a cantar. Inhala y exhala cinco veces, sintiendo cómo tu cuerpo se llena de la energía de la Luz con cada respiración, aquietándote dentro de tu centro a medida que respiras. Luego de las cinco respiraciones, comienza el canto, inspirando y cantando el "JIÚ" al exhalar. Haz esto durante cinco respiraciones. Luego repite el proceso: cinco respiraciones sin el canto y cinco con el canto. Repite el proceso una vez más hasta cantar el "JIÚ" por 15 minutos en total. Esto te hará acumular mucha energía. Te sugerimos esperar por lo menos 15 minutos antes de hacerlo otra vez. Probablemente no querrás hacerlo más de dos veces al día.

Otra manera de trabajar con este tono es cantarlo en silencio como un tono continuo en casi todo momento, *excepto* cuando estés haciendo algo que requiera de tu completa atención, como por ejemplo, manejar u operar maquinaria. Éstas son prácticas espirituales que apartan tu conciencia de este mundo. Por tu seguridad y la de otros, no cantes los tonos cuando necesites prestar atención a alguna cosa. Cantar el JIÚ de esta manera puede ayudarte a centrarte y equilibrarte.

Recuerda reconectarte a tierra, practicando la técnica de la "i" que se describió anteriormente, tomando agua y estirándote un poco después de terminar.

ANI-HU (ANAI-JIÚ)

"Ani-Hu" (pronunciado "anai-jiú") es una variación del "JIÚ" con la dimensión adicional de atraer la cualidad de la empatía hacia los demás. Al cantar este tono, puedes notar que se incrementa la cualidad de la empatía. Al cantar esto en voz alta, dirías: "ANAI-JIÚ" al exhalar. Sonaría como: "AnaiiiiiiJiúuuuu. Si lo cantas en silencio, podrías cantar "ANAI" al inspirar y "JIU" al espirar.

Podrías encontrarte haciéndolo de una cierta manera hoy y de otra mañana. Estos tonos se te entregan con flexibilidad para trabajar con ellos. Haz lo que funcione mejor para ti.

Mientras estás cantando, enfoca tu atención en un punto imaginario cerca del centro de tu cabeza. Si trazaras una línea imaginaria desde el punto entre tus ojos hasta la parte posterior de tu cabeza, y otra desde la parte alta de una oreja hasta la otra, el lugar donde estas dos líneas se cruzan es donde quieres enfocarte. Aquí es donde la energía del Alma se junta.

Canta el tono que has elegido, ya sea el JIÚ o el ANAI-JIÚ, por aproximadamente cinco minutos. No importa si lo haces en silencio o en voz alta. No hay ninguna prisa. Es útil cantar en sincronía con tu respiración. Luego de cantar por cinco minutos, detente y sólo escucha. Luego de cinco minutos, puedes cantar otra vez o levantarte, despejarte y seguir con tus actividades diarias.

Lo que experimentes durante y después de hacer los ejercicios espirituales, es muy individual. Puedes ver colores, puedes sentir energía espiritual que llega como calor o como un cosquilleo en tus manos, pies o cabeza. Podrías sentir que tu cuerpo cambia de forma o tamaño o se vuelve muy liviano o pesado. Tu vista se puede volver un poco borrosa. Estos cambios indican que tu conciencia se mueve dentro de ti. No te preocupes, son pasos de tu progreso en el Espíritu.

El hecho de incorporar frecuencias espirituales a tu cuerpo puede expulsar la negatividad que has acumulado o escondido en tu conciencia. Tu mente puede vagar. Pueden aparecer los recuerdos de cosas en las que no has pensado por mucho tiempo. Pueden aparecer sentimientos aparentemente de la nada. De pronto podrías querer llorar. Tu mente podría despegar hacia listas de cosas por hacer o preocupaciones. Estás aprendiendo a observar simplemente, dejar ir las cosas y continuar cantando. Algunos de esos pensamientos o sentimientos podrían haber estado encerrados en tu conciencia por mucho tiempo y están siendo clarificados por la Luz. No hay necesidad de estar preocupado, deja que estas cosas vayan hacia la Luz. No las necesitas. Tu enfoque está en observar y escuchar. Es tu oportunidad de clarificarte y avanzar un escalón más hacia tu realidad espiritual.

Algunas personas no pueden dormir después de hacer ejercicios espirituales. Si esto sucede, sabrás que es mejor hacerlos en la mañana o, ciertamente, no justo antes de dormir. Otras personas experimentan un sueño profundo y de mucho descanso después de hacer ejercicios espirituales, así es que hacerlos de noche les funciona bien. Explora, experimenta y ve cómo funcionan estas cosas para ti. A pesar de que están diseñadas como experiencias internas, los resultados a menudo aparecen en este mundo. Puedes darte cuenta de que estás más calmado, que las cosas que solían molestarte no te molestan tanto. Podrías experimentar una sensación de bienestar, contento y felicidad. Y algunas veces, ves más claramente lo que necesitas hacer en tu vida para manejar mejor las cosas.

Llevar un Diario Personal

Escribir tus experiencias después de hacer ejercicios espirituales puede ayudarte a capturarlas ya que, como los sueños, pueden diluirse de la memoria. Puedes rastrear la fecha, la duración de tus ejercicios espirituales, qué canto hiciste y cómo lo hiciste y todas las experiencias que tuviste. Podría ser tan simple como escribir: "Mi mente no me dejó tranquilo. Estuve pensando en todas las cosas que tengo que hacer". O tal vez viste un punto de color, mientras estabas sentado en silencio escuchando. Tal vez tengas que escribir algunos pensamientos hermosos, o te das cuenta de que has perdonado y soltado algo que te estaba molestando, o tienes la solución de alguna dificultad. Éste es otro aspecto a observar, rastrea cómo es tu experiencia, sin juzgar si es demasiado común para escribirla o tan grandiosa, que piensas que cada sesión desde entonces debería ser como ésa.

Podrías también escribir en tu diario cosas que notaste *después* de hacer los ejercicios espirituales. Tal vez tus sueños se vuelven más nítidos, o tú estás más calmado de lo normal, o notas algún otro cambio en tu vida. Hacer ejercicios espirituales es un ejercicio de conciencia y llevar un diario puede ayudarte a capturar lo que está sucediendo. Encuentra lo que te funciona y úsalo.

Si quisieras compartir con otros estas técnicas espirituales, dales este libro o *Mundos Internos de la Meditación* que incluye muchas otras meditaciones. Entonces, ellos serán los responsables de leer toda la información. Si les enseñas los ejercicios espirituales a otros, entonces *tú* eres responsable de darles toda la información de manera muy precisa. Este proceso de hacer ejercicios espirituales es simple, pero a menos que seas un maestro espiritual, suceden muchas cosas que no puedes percibir. Así es que deja que otro sea el maestro. Puedes compartir el beneficio que obtienes de hacer ejercicios espirituales, pero deja que la gente obtenga las instrucciones de este libro para que puedan entender plenamente lo que están haciendo.

A medida que exploras y te sintonizas más con la Luz, te conviertes en un embajador de la Luz. Esto no significa que hagas proselitismo. La manera en que vives se convierte en tu ejemplo y a través de tu ejemplo y de la radiante energía que te llena a través de tus prácticas espirituales, "atraes" a la gente hacia el Espíritu y la Luz. Cuando la gente que consumió repetidamente drogas se vuelve hacia la Luz, realmente lo hace y no hay nada que la detenga. Estas personas necesitaron gran coraje para meter drogas en su cuerpo y seguir con eso. No sabían adónde iban o si volverían, no sabían cuál sería la experiencia. Esta gente tiene temple. Aman la aventura. No temen viajar por los reinos de la Luz.

Esta gente se convierte en buenos embajadores de la Luz. Irán a cualquier lugar. Ya han sido juzgados, rechazados e incomprendidos al consumir drogas, y por lo tanto, deducen que si ahora están haciendo cosas de la manera correcta, ¿qué importan los juicios de otros? Simplemente seguirán avanzando y no hay cómo detenerlos.

Cuando trabajas con el Espíritu, tu responsabilidad es sostener la Luz para otros hasta que se abran a ella. Es mejor no juzgar; te atrasas si dices: "Oh, mira esos vagos no sirven para nada". Tú puedes sostener la Luz para ellos, educarlos si están abiertos a ello y dejarlos ver la realidad de su acción. Puedes mostrarles que pueden ir hacia adentro y obtener su plenitud espiritual sin consumir ni una sola droga. Colocas la Luz con ellos en amorosa neutralidad. Algún día, cuando aflojen sólo por un momento y digan: "Oh, Dios, necesito ayuda," la Luz los inundará. Tomarán conciencia de su promesa y su herencia espirituales como hijos de la Luz.

12

Tu Herencia Espiritual

No te hagas dependiente de nada, pero usa toda experiencia para elevarte. Si usas drogas para ayudarte a elevarte, y luego las abandonas, está bien, pero es un camino riesgoso y delicado de elegir. Si comienzas a depender de ellas, estarás atrapado y habrás emprendido tu movimiento en una espiral descendente. No tienes que drogarte para "volar". Puedes llegar muy alto a través del Espíritu, de una manera que es mucho más plena.

Si abollas o rayas tu auto, puedes reparar y pintar el área dañada, pero nunca será exactamente lo mismo. La gente te lo señalará: "Oye, pintaste ahí, ¿no es cierto?". Tendrías que pintarlo entero de nuevo y, para entonces, pensarás que lo mejor sería comprar un auto nuevo. Pero es bastante difícil conseguir un cuerpo o una mente nuevos. En nuestra sociedad, los psiquiatras son los que tratan de reparar el daño. Ello lleva horas y horas de terapia y es muy caro. Y aún así, nunca eres exactamente el mismo.

Las experiencias que dañan la mente subconsciente siempre dejan su marca. Cuando te vuelves hacia la Luz, logras un trabajo de "reparación" real, pero eso no puede ser hecho por el hombre. Debe suceder a través de la acción del Espíritu. El hombre puede transplantar corazones de un cuerpo a otro, pero nadie ha sido capaz de transplantar un Alma o el Espíritu. Eso está más allá del reino del ser humano.

En última instancia, todos tenemos un hogar en el Espíritu al cual volver. Todos estamos aquí en la tierra para aprender, crecer y completar lo que sea que hayamos comenzado. Cuando eliges—como Alma— volver a la Luz y al Sonido que son tu fuente, surge la fuerza interior para superar los retos, las adicciones y limitaciones de este mundo. Comienzas a comprender que todas las sensaciones de este mundo fueron un intento por recordar y experimentar el inmenso Espíritu amoroso del cual provienes.

Las emociones de este mundo te atrapan menos una vez que has sido tocado por la Luz y probado nuevamente el sabor de tu naturaleza verdadera. Puede parecerte difícil, imposible o limitante dejar el alcohol, las drogas y otras adicciones. Aún así, la profunda satisfacción que experimentas cada vez que te conectas a la Luz, reemplaza esas cosas con creces.

El camino del conocimiento de tu propia Alma, camino que llamamos trascendencia del Alma, es simple pero no necesariamente fácil. Este mundo no tiene deseos de soltarte y te tentará para que te quedes en la ilusión. Algunos de ustedes podrían tener que hacer un trabajo enorme para liberarse a sí mismos de los muchos niveles en los cuales trabajan las adicciones. Debes saber que no estás nunca solo una vez que te vuelves hacia tu hogar espiritual y comienzas a reclamar tu herencia divina.

Glosario

Alma. Esencia de Dios en el cuerpo físico. El elemento básico de la existencia humana, conectada para siempre a Dios. El Dios interno.

Aura. Campo de energía electromagnético que rodea al cuerpo humano. Tiene color y movimiento.

Chakras. Centros espirituales o metafísicos del cuerpo, que tienen una localización física determinada en el cuerpo. Cada uno es el foco de la energía de una función específica.

Conciencia del Viajero Místico. Energía de la más elevada fuente de Luz y Sonido, cuyo trabajo en el mundo es la Trascendencia del Alma y el despertar a la gente hacia una conciencia del Alma. Esta conciencia está siempre anclada en el planeta a través de una forma física.

Cuerpo etéreo. Réplica exacta del cuerpo físico en cada detalle. Su propósito es tomar las enfermedades antes de que lleguen al cuerpo físico. La enfermedad a menudo puede ser eliminada del cuerpo etéreo antes de que llegue al cuerpo físico. Cuando una persona ya está enferma físicamente, puede colaborar a la curación al despejar el cuerpo etéreo conjuntamente con sanar el cuerpo físico.

Ejercicios Espirituales. Proceso de cantar el Hu (Jiú), el Ani-Hu (Anai-Jiú), o el propio tono de iniciación. Una técnica activa para sobrepasar la mente y las emociones cantando un tono, y conectarse con la Corriente del Sonido. Ayuda a las personas a romper las ilusiones de los niveles inferiores y, finalmente, a darse cuenta de una conciencia del Alma y más arriba, y moverse hacia ello.

Espíritu. Esencia de la creación. Es infinito y eterno.

Iniciación. En el contexto del Movimiento del Sendero Interno del Alma (MSIA), el proceso de ser conectado a la Corriente del Sonido de Dios.

Karma. Ley de causa y efecto: "Como siembres, así cosecharás". La responsabilidad de cada persona hacia sus actos. La ley que dirige y, a veces, domina la existencia física de un ser.

Luz. La energía del Espíritu que impregna todos los reinos de la conciencia.

Movimiento del Sendero Interno del Alma (MSIA). Organización cuyo propósito es enseñar la Trascendencia del Alma, que es tomar conciencia de uno mismo como un Alma y como uno con Dios, no en forma teórica, sino como una realidad viva. El MSIA ofrece una variedad de herramientas y técnicas que le permiten a la gente experimentar su Alma y acrecentar su conciencia de Dios.

Niveles de conciencia. Planos o reinos de existencia más allá del mundo físico, que corresponden a los elementos de la conciencia humana (imaginación, mente, emociones, subconsciente, inconsciente y Alma).

Reino Astral. Reino psíquico-material por encima del reino físico. Reino de la imaginación. Se entrelaza con el físico como un ritmo vibratorio.

Ser básico. Uno de los tres seres que conforman la conciencia física. Tiene la responsabilidad de las funciones corporales, mantiene los hábitos y los centros psíquicos del cuerpo físico. Maneja las comunicaciones entre el ser consciente (*véase* **ser consciente**) y el ser superior (*véase* **ser superior**).

Ser consciente. Uno de los tres seres que conforman la conciencia física. Maneja las decisiones y las acciones diarias de la vida. El ser que hace elecciones conscientes. Es el "capitán del barco", en el sentido que puede decidir por sobre el ser básico y el ser superior. El ser que llega a "fojas cero" (*véase también* **ser básico** y **ser superior**).

Ser superior. Uno de los tres seres que conforman la conciencia física. Funciona como el guardián espiritual, dirigiendo al ser consciente hacia las experiencias que sirven para la mayor progresión espiritual (*véase también* **ser básico** y **ser consciente**).

Sonido de Dios. También conocido como la Corriente del Sonido. La energía audible que fluye de Dios a través de todos los reinos. La energía espiritual con la cual una persona regresa al corazón de Dios.

Trascendencia del Alma. Conocerte a ti mismo como un Alma y uno con Dios. Esto se logra trascendiendo los niveles inferiores—físico, astral (imaginación), causal (emociones), mental (mente) y etérico (inconsciente)—y moviéndose hacia el reino del Alma y más arriba. Es la labor del Viajero Místico.

Recursos y materiales de estudio por John-Roger, D.C.E.

Los siguientes libros y materiales pueden servirte de apoyo para aprender más sobre las ideas presentadas en este libro. Si deseas adquirir otros libros, CD's y DVD's, ponte en contacto con el MSIA, llamando al 1-800-899-2665 (EE.UU.), envía un correo electrónico a pedidos@msia.org o visita nuestra Tienda En Línea en www.msia.org. Los libros de John-Roger también están a la venta en liberarías locales (EE.UU.).

Disertaciones del Conocimiento del Alma
Un curso sobre la Trascendencia del Alma

Las Disertaciones del Conocimiento del Alma tienen como propósito enseñar la Trascendencia del Alma, lo que significa lograr una mayor conciencia de uno mismo como Alma y uno con Dios, no en teoría sino como una realidad viva. Dirigidas a las personas que quieren un enfoque consistente y comprobado en el tiempo, para encarar su propio despertar espiritual.

Un juego de Disertaciones del Conocimiento del Alma consiste de doce librillos y se estudian y contemplan de a uno por mes del año. Puedes activar la conciencia de tu Alma y profundizar tu relación con Dios a medida que lees cada una de las Disertaciones.

El primer año de Disertaciones se dedica a temas que van desde la creación del éxito en el mundo hasta el trabajo de la mano con el Espíritu.

Una suscripción anual de Disertaciones regularmente cuesta US$100. El MSIA ofrece el primer año de Disertaciones a un precio de oferta de US$50 (por lo general, dentro de los EE.UU.). Las Disertaciones vienen con una garantía de devolución del monto completo, sin cuestionamientos. Si decides, en cualquier momento, que estos estudios no son para ti, simplemente devuelve las Disertaciones y, a la brevedad, recibirás el reembolso completo de tu dinero.

Libros

El Guerrero Espiritual: El Arte de Vivir con Espiritualidad

Lleno de sabiduría, humor, sentido común y herramientas prácticas para llevar una vida espiritual, este libro ofrece consejos prácticos para hacernos cargo de nuestra vida y crear mayor salud, felicidad, riqueza y amor en ella. Convertirse en un Guerrero Espiritual no tiene nada que ver con la violencia. Se trata de utilizar las cualidades positivas que éste posee: intención, implacabilidad e impecabilidad, para contrarrestar los hábitos personales negativos y las relaciones destructivas, especialmente cuando te confronta la adversidad.

El Tao del Espíritu
El propósito de esta bella colección de pensamientos es liberarte de las distracciones del mundo exterior y guiarte de regreso a la quietud de tu mundo interior. *El Tao del Espíritu* te ofrece una inspiración para cada día y nuevas técnicas para manejar el estrés y la frustración. Qué maravillosa manera de empezar o terminar el día: recordando que podemos dejar ir los problemas cotidianos, recibiendo una renovación de la fuente misma en el centro de tu existencia. Muchas personas usan este libro para prepararse cuando van a meditar o a orar.

Perdonar: La Llave del Reino
El perdón es el factor clave para la liberación personal y el progreso espiritual. Este libro presenta valiosa información para lograr una comprensión profunda del perdón y la resultante de dicho proceso, que es alegría y libertad personal. La ocupación de Dios es el perdón. Este libro nos anima y nos proporciona las técnicas necesarias para que nosotros también podamos practicarlo.

Mundos Internos de la Meditación
En este manual de auto-ayuda para la meditación, las prácticas de meditación se transforman en

recursos valiosos y prácticos para explorar los planos espirituales y enfrentar la vida con mayor efectividad. Incluye una gran variedad de meditaciones, que pueden utilizarse para adquirir una conciencia espiritual más profunda, lograr una mayor relajación, equilibrar las emociones y aumentar la energía.

Material en Audio
Meditación del Equilibrio Corporal
Este es el único cuerpo que tendrás en esta vida. La cosa es vivir en él de la mejor forma posible. Tú eres quien puede llevar eso a cabo. A través de este proceso de reprogramación, podrás lograr un peso equilibrado y apoyar a tu salud en todos los niveles.

Meditación de la Objetividad
En esta cinta, John-Roger define las interacciones que existen entre el orgullo, las excusas, la ambición, la sensación de carencia, el enojo y el círculo vicioso que creamos a través de estas expresiones de nuestra conducta. John-Roger nos guía a través de esta meditación, con su sabiduría acostumbrada, enseñándonos la libertad que existe en la observación.

La Meditación del Cristo
(Seminario de Nochebuena). John-Roger nos habla de lo "novedoso" del Cristo y explica que las energías que Jesús trajo al planeta aún están presentes, en el aquí y el ahora, y que cada persona debe prepararse para asumir la Conciencia Crística.

Para contactarte con el Movimiento del Sendero Interno del Alma:

MSIA
3500 West Adams Blvd.
Los Angeles, CA 90018 EE.UU.
Teléfono: 1-323-737-4055 (EE.UU.)
E-mail: pedidos@msia.org
www.msia.org

Otros servicios que ofrece el Movimiento del Sendero Interno del Alma

Amando Cada Día—Cita enviada por correo electrónico de manera diaria.

Este es un mensaje enviado por e-mail, que inspira y eleva el Espíritu.

Está disponible en cuatro idiomas: Inglés, español, francés y portugués. Para suscribirse de manera gratuita ir a http://www.msia.org/msia.qry?ID=124

Balance de Aura

El balance de aura es una técnica que sirve para despejar el aura (o campo energético) que rodea al cuerpo físico. El MSIA ofrece una serie que consta de tres balances de aura. Cada una de las sesiones ayuda a equilibrar el aura, a eliminar residuos tóxicos de las drogas y el alcohol, así como a fortalecer la conciencia para poder manejar mejor el estrés diario, la tensión y los cambios emocionales.

Al finalizar el servicio, el cuerpo quedará envuelto en muchas capas de Luz, las que protegerán al aura mientras los cambios espirituales continúan ocurriendo dentro de tu conciencia.

Reprogramación Positiva

La reprogramación positiva es una técnica de alineación de los múltiples niveles de nuestra conciencia, que nos permite vivir en armonía en nuestro interior. Es una sesión grabada que se ocupa de aspectos específicos que tú deseas cambiar. Debes escuchar la grabación durante 32 días seguidos para poder hacer los cambios en el inconsciente.

Balance de Polaridad

El balance de polaridad es una técnica que se usa para equilibrar las energías del cuerpo, con el propósito de elevar el flujo de energía dentro del cuerpo. Los efectos que tiene liberar bloqueos del cuerpo incluyen elevar la energía, una sensación de liviandad y la capacidad de funcionar mejor en el mundo.

Para mayor información acerca de estos servicios, incluido el costo de los mismos y para programar una cita, contactar al MSIA llamando al (323) 737-4055 (EE.UU.) o enviando un e-mail a pedidos@msia.org.

Sobre los autores

John-Roger, Doctor en Ciencia Espiritual

Maestro y conferenciante de talla internacional, John-Roger es una inspiración en la vida de muchas personas alrededor del mundo. Durante más de cuatro décadas, su sabiduría, humor, sentido común y amor han ayudado a muchas personas a descubrir el Espíritu en ellas mismas y a encontrar salud, paz y prosperidad.

Con dos libros escritos en colaboración en la lista de libros más vendidos del New York Times, y con más de tres decenas de libros de espiritualidad y auto-superación, John-Roger ofrece un conocimiento extraordinario en una amplia variedad de temas. Fundador del Movimiento del Sendero Interno del Alma (MSIA), que se enfoca en la Trascendencia del Alma, es también fundador y Canciller de la Universidad de Santa Mónica, fundador y Presidente del Seminario Teológico y Escuela de Filosofía Paz, fundador y presidente de los Seminarios Insight y fundador y Presidente del Instituto para la Paz Individual y Mundial (IIWP).

John-Roger ha dado más de seis mil conferencias y seminarios en todo el mundo, muchos de los cuales se transmiten a nivel nacional en EE.UU. en su programa de televisión por cable, "That Which Is", a través de Network of Wisdoms. Ha aparecido en numerosos programas de radio y televisión y ha sido invitado especial en el programa "Larry King Live".

Educador y ministro de profesión, John-Roger continúa transformando vidas y educando a las personas en la sabiduría del corazón espiritual. Para más información sobre John-Roger, visita el sitio web www.john-roger.org

Michael McBay, Doctor en Medicina

Michael McBay nació en Atlanta en 1955, hijo de prominentes profesores de química y matemáticas. Luego de recibir una beca de estudios durante la década de los sesenta, Michael asistió a la última escuela de educación media para blancos en Atlanta, experimentando de primera fuente la discriminación que tuvo lugar durante la integración sureña. McBay estudió en la Universidad de Stanford, en la Escuela de Medicina de la UCLA e hizo su residencia en la Unidad de Emergencia del Centro Médico King/Drew de Los Angeles, California. Aficionado a la música rock, acostumbraba a tocar en bandas en clubes nocturnos. Fue ejecutando estas actividades y frecuentando estos ambientes, que se convirtió en adicto a la cocaína. A consecuencia de su adicción, perdió todo lo que había logrado con su esfuerzo, incluida su licencia médica.

Ayudado por Dios, por John-Roger, su madre, las artes marciales y unos pocos amigos, Michael superó su adicción a las drogas y ha recuperado su vida plenamente, así como su licencia médica y consultorio. Como parte de su rehabilitación, él se dedica a ayudarle a otras personas en recuperación, así como a los médicos. Este libro es un resultado directo de su esfuerzo, intención y dedicación.

Mandeville Press
P.O. Box 513935
Los Angeles, CA 90051-1935 EE.UU.
1-323-737-4055 (EE.UU.)
jrbooks@mandevillepress.org
www.mandevillepress.org

www.ingram content.com/pod-product-compliance
Lightning Source LLC
Chambersburg PA
CBHW031516040426
42445CE00009B/262